Fondues

Inge Zechmann

Fondues
mit Käse, Fleisch, Gemüse und Schokolade

Buch und Zeit Verlagsgesellschaft mbh · Köln

ISBN 3-8166-9027-0

© 1972/1983. Genehmigte Ausgabe
Nachdruck verboten
Fotos: Teubner Studio (4), Gruner + Jahr (4), Jahreszeiten-Verlag (1)
Gesamtherstellung: Ebner Ulm 1999902772x15 14 13 12

Inhaltsverzeichnis

6

Käsefondues

Das Neuenburger oder Fondue neuchâteloise

Sie haben sich Ihren Rechaud gekauft, den Spirituskocher fürs Fondue, einen „Caquelon" genannten, feuerfesten Stieltopf aus Steinzeug und auch eine Flasche Spiritus. Natürlich sind Sie jetzt ungeduldig: Heute abend soll es Ihr erstes Fondue geben! Ob es Ihnen wohl gelingen wird?

Aber natürlich wird es Ihnen gelingen! Und Sie werden bei Ihren Gästen anschließend ganz besondere Hochachtung genießen, denn als Ihr erstes Fondue wählen Sie das sehr schmackhafte Neuenburger Fondue. Die folgenden Zutaten sind nötig: Käse, herber Weißwein, Stärkemehl, Knoblauch, Kirschwasser, Pfeffer, Muskatnuß und Weißbrot. Was Sie davon nicht im Hause haben, müssen Sie also noch besorgen.

Soll Ihr Fondue für vier Personen reichen, so brauchen Sie:

1 Knoblauchzehe, ¹/₄ l herber Weißwein, z. B. Mosel, 250 g Emmentaler, 250 g Gruyère, 1 gestrichenen Eßlöffel Stärkemehl, 2 Gläschen Kirschwasser, Pfeffer, Muskatnuß.

11

Für eine sechsköpfige Tischrunde jedoch nehmen Sie jeweils um die Hälfte der Zutaten mehr.

Schneiden Sie die Knoblauchzehe auseinander und reiben Sie damit Ihren Fonduetopf innen aus, nachdem Sie ihn zuvor natürlich abgewaschen haben. Nun gießen Sie den Wein hinein und lassen ihn auf kleiner Flamme langsam warm werden. Dazu wird er bereits auf den Rechaud gestellt, dessen Brenner Sie nach Vorschrift mit Spiritus gefüllt, entzündet und klein gestellt haben. Während der Wein erhitzt wird, raspeln Sie den Käse auf einem groben Küchenhobel. Reiben Sie ihn fein, so klumpt er leicht, schneiden Sie ihn dagegen in kleine Stücke, dauert es eine ziemliche Weile, bis er geschmolzen ist. Also wählen Sie den goldenen Mittelweg und raspeln ihn zu Spänen. Anschließend rühren Sie ihn mit einem Holzlöffel in Achter-Bewegungen unter den mittlerweile erhitzten Wein. Ihr Fonduetopf steht dabei nach wie vor auf kleiner Flamme. Sie rühren langsam und mit gleichmäßigen Bewegungen weiter, bis sich der Käse aufgelöst hat und die Masse im Caquelon zu steigen beginnt. Nun gießen Sie das Stärkemehl an, das Sie zuvor mit einem Gläschen Kirschwasser glattgerührt haben. Nach nochmaligem Aufkochen schmecken Sie Ihr Fondue neuchâteloise, wie es in der französischen Schweiz heißt, mit Pfeffer und Muskatnuß ab und gießen das zweite Glas Kirschwasser zu. Und schon ist die brodelnde Herrlichkeit eßbereit.

Ich weiß, ihr erstes Fondue ist für jede Hausfrau eine aufregende, mit ein wenig Angst gewürzte Sache. Trotzdem: Das Neuenburger Fondue — die Urform aller Fondues — gelingt auch einer Anfängerin auf Anhieb. Und überhaupt — Sie können doch kochen, nicht wahr?

Natürlich haben Sie zwei Möglichkeiten, wie Sie zu Werke gehen wollen. Sie können Ihr Fondue in der Küche vorbereiten und dann servieren, wobei Sie erst am Tisch das zweite Gläschen Kirschwasser zugießen. Sie können aber auch — und das möchte ich Ihnen empfehlen — bei Kerzenschein und im Kreise Ihrer Gäste die gesamte Zubereitung zelebrieren — natürlich, nachdem Sie schon zuvor den Käse in der Küche geraspelt haben. Sie glauben nicht, wieviel Stimmung Sie allein damit in Ihre Tafelrunde bringen. Servieren Sie ein Glas Wein, am besten den gleichen, den Sie in Ihrem Caquelon rühren, und foltern Sie Ihre Gäste ein wenig mit den herrlichen Düften, die ihnen in die Nase steigen. Nach einer guten halben Stunde kann dann ein jeder befreit zur Fonduegabel greifen.

Ein Fondue-Essen ist ein rustikales, fröhliches Gelage. Geselligkeit in gelöst-freundschaftlichem Kreis ist Voraussetzung zum Genuß. Das sollten Sie schon beim Decken des Tisches berücksichtigen. Legen Sie also ein Tischtuch in bunten Farben und von bäuerlichem Charakter auf. Greifen Sie nicht zu Damast, er paßt nicht. Auf dieses farbige Tuch nun stellen Sie in die Tischmitte Ihren Rechaud, den Spirituskocher mit der regulierbaren Flamme. Jeder Gast bekommt einen speziellen Fondueteller, wie sie in farbiger Keramik oder in Steinzeug passend zum Caquelon, dem irdenen Topf für Käse-Fondues, zu haben sind. Dazu legen Sie eine Fonduegabel mit Holzgriff. Metallgriffe werden zu heiß, und solche aus Kunststoff fangen in der Hitze an zu buckeln, wenn nicht gar zu schmelzen. Stilecht sind fürs Käse-Fondue langstielige Gabeln mit drei Zacken. Zu allen anderen Fondues sollten es zweizackige Gabeln sein.

Wählen Sie große Servietten. Beim Fondue-Essen darf man sie sich um den Hals binden, damit Kleid, Anzug und Krawatte nicht bespritzt werden. Es gibt in einschlägigen Geschäften, besonders in Kunstgewerbe-Boutiquen, mittlerweile auch sogenannte Fonduelätzchen. Sie sehen aus wie überdimensionale Kinderlätzchen, und auch Ihre Gäste werden sie sich mit großer Heiterkeit umbinden.

Jetzt das eigentliche Problem: Was wird zum Käsefondue getrunken? Klassisch ist herber Weißwein. Es sollte der gleiche sein, den Sie zur Zubereitung verwendet haben. Aber der heiße Käse und dazu der kalte Wein sind zusammen sehr schwer verdaulich. „Alte" Fonduehasen trinken deshalb ihren Wein zum Abschluß der Mahlzeit. Viele bevorzugen heißen, schwarzen Tee, und gelegentlich wird auch Kaffee dazu getrunken. Bei Essenshalbzeit genehmigen sich zumindest die Herren nach alter Sitte ein Gläschen Kirschwasser. „Le coup du milieu" nennt man das. Nun, Sie kennen Ihre Gäste. Und entsprechend decken Sie Weingläser, Tee- oder Kaffeetassen und Schnapsgläschen auf.

Nun zum Brot: Verwenden Sie am besten französisches Meterbrot, auch Kaviarbrot genannt, herzhaftes Bauernbrot oder Brötchen. Toastbrot ist ungeeignet. Es ist zu weich und zerkrümelt beim Stippen. Schneiden Sie das Brot Ihrer Wahl in mundgerechte Würfel. Ein ganzer Haufen muß es werden! — In Brotkörbchen gefüllt, kommen sie auf den Tisch, gut erreichbar für alle.

Kerzen schaffen beim abendlichen Essen die allein richtige, stimmungsvolle Beleuchtung. Stellen Sie ein paar davon auf den Tisch, verteilen Sie — wenn möglich — weitere im Raum. Und nun können Ihre Gäste kommen. Also: Schürze ab — falls es keine Partyschürze ist!

Das Wort Fondue hat seinen Ursprung in dem Verb „fondre", was soviel wie „schmelzen" heißt. Das klassische Fondue ist deshalb auch das Käse-Fondue, bei dem Käse ja zu einer würzig duftenden, geheimnisvoll brodelnden Masse geschmolzen wird. Käse-Fondues stammen aus der französischen Schweiz. Man ißt sie nicht einfach, man schmaust, genießt und zelebriert sie nach uraltem Ritual. Der Duft erfüllt den ganzen Raum. (Und ist anschließend schwer wieder hinauszubringen.) Jeder hat Zeit und genießt in beschaulicher Ruhe. Temperament ist nicht gefragt. Für hitzige Wortgefechte gibt es keine Gelegenheit. Wer einen Happen zu schnell in den Mund steckt, hat sich auch schon verbrannt! Denn auch während der Mahlzeit muß die Käsemasse heiß bleiben. Sie muß weiterblubbern. Sobald sie abkühlt, wird sie zäh, weil der Käse dann langsam erstarrt.

Und hier ein paar Tricks, sollte nicht alles nach Wunsch verlaufen: Wenn Ihnen Ihr Fondue etwas zu dünn geworden ist, geben Sie noch ein bißchen geraspelten Käse zu und rühren Sie, bis er geschmolzen ist. Haben Sie keinen mehr zur Hand, geht schließlich auch etwas in kaltem Wasser angerührte Speisestärke.

Ist die Masse jedoch zu dick geworden, rühren Sie einen Schuß Wein unter. Haben Sie gar einen Kloß am Löffel kleben, so ist auch das kein Grund, die Ruhe zu verlieren. Nehmen Sie den Topf von der Flamme, und greifen Sie zur Flasche. Diesmal zur Essigflasche! Gießen Sie einen Schuß Essig zu der Masse, und schlagen Sie sie mit einem Schneebesen, bis sich der Klumpen gelöst hat. Das funktioniert wunderbar! Jetzt stellen Sie Ihren Topf auf die Flamme zurück, damit die ganze Sache wieder ins Brodeln kommt. Aber rühren Sie bitte weiter, bis es blubbert!

Beim Essen nimmt sich jeder ein Häufchen Brotwürfel auf seinen Teller. Haben Sie Fondue-Neulinge am Tisch, so werden sie Ihnen scharf auf die Finger schauen, um ja alles genauso zu machen wie Sie. Spießen Sie also einen Würfel sorgfältig auf Ihre Gabel, möglichst so, daß ein Zacken in der Brotkruste steckt. Nun tauchen Sie die Gabel in den Topf ein. Dick mit Käse überzogen ziehen Sie den Brotwürfel wieder heraus und führen ihn unter leichtem Drehen der Gabel erst einmal über Ihren Teller und erst, wenn er genügend abgekühlt ist, auch zum Mund. Inzwischen schnuppern Sie genießerisch: Duftet der Käse nicht herrlich?

Vorsicht beim Essen! Die Gabel mit dem Mund zu berühren gilt als schlechtes Benehmen. Außerdem ist der Käse gerade am Metall oft höllisch heiß! Sie sind also geradezu gezwungen, bedächtig zu genießen. Langsames Essen ist in diesem Fall auch besonders wichtig: Alle Arten von Fondues sind für Ihren Magen eine kleine Tortur. Lassen Sie ihm also Zeit, die Speise aufzunehmen und damit fertigzuwerden.

Ist Ihnen ein Bröckchen von Ihrer Gabel gerutscht und schwimmt nun im Topf herum? Das darf nicht sein! Das muß bestraft werden! Nach altem Brauch zahlen die Damen mit einem Kuß. Die Herren tun Buße mit einer Runde Kirschwasser.

Neigt sich das Festessen seinem Ende zu, wird der Käse im Caquelon immer weniger, so bildet sich auf dem Boden eine Käsekruste, der Crouton. Diese Köstlichkeit wird unter alle redlich verteilt. Wer zu mogeln versucht und sich ein Stückchen „klauen" möchte, der wird für seine Gier mit dem Abwaschen bestraft. Das soll eine listenreiche Schweizerin erfunden haben. Ihr Name ist uns leider nicht überliefert.

Foto: Neuenburger Fondue   Rezept Seite 11   ▶

Zu einem Fondue-Essen eingeladen zu werden ist ein Kompliment. Es mag nun einmal nicht ein jeder mit jedem aus einem Topf essen. Es werden sich also stets nur Menschen zusammenfinden, die sich wirklich mögen — oder mögen möchten. Das allein bewirkt schon eine sehr persönliche Atmosphäre. Dabei spielt es keine Rolle, zu welchem Fondue Sie einladen oder eingeladen werden: Der Rechaud führt Menschen zueinander. Und das — finde ich — ist eine wunderbare Sache! Grund genug, das Schmurgeln mit dem kleinen Spirituskocher zu pflegen und zu hoher Kunst zu entwickeln. Anregende Rezeptvorschläge geben Ihnen die folgenden Seiten.

Waadtländer Fondue

1 walnußgroßes Stück Butter, 1 kleine Knoblauchzehe; pro Person 1¹/₄ Glas Weißwein (gut ein Achtelliter), 125 g Gruyère verschiedenen Alters.

Zerlassen Sie die Butter im Fonduetopf, und schmurgeln Sie die feingewiegte Knoblauchzehe darin. Gießen Sie nun langsam und unter ständigem Rühren den Wein zu. Diese Vorsicht ist geboten, damit Ihnen der Caquelon nicht durch den Temperaturschock springt. In den erhitzten Wein geben Sie den geraspelten Käse und lassen ihn unter Rühren zergehen. Verwenden Sie dazu einen Holzlöffel, den Sie langsam in Form einer Acht durch die Masse bewegen.
Die Eigenart des Waadtländer Fondues liegt in seiner Würze, die es durch den feinen, nußartigen Geschmack des Gruyère, des Greyerzer Käses, bekommt, und sei-

nem Mehrgehalt an Wein. Es ist auch flüssiger als alle anderen Käse-Fondues.

Dazu reichen Sie in gulaschgroße Stücke geschnittenes Meterbrot oder helle Brötchen.

Zu Trinken gibt es den gleichen Wein, mit dem Sie das Fondue zubereitet haben. Wahlweise können Sie schwarzen Tee anbieten.

Fondue Fribourg au Vacherin

1 Knoblauchzehe, 1 Teelöffel Butter, 600 g Vacherin à fondue, $^{1}/_{2}$ Tasse kochendes Wasser.

Vacherin ist ein Käse, den Sie nur sehr selten in den Geschäften finden. Er kommt gewöhnlich nur im Winter auf den Markt. Dieser Umstand allein macht das Fondue Fribourg au Vacherin zu einem seltenen, kostbaren Genuß, den Sie sich nicht dadurch verderben sollten, daß Sie — wie manchmal empfohlen wird — den Vacherin durch Brie-Käse ersetzen. Die Zubereitung ist der andrer Käse-Fondues ähnlich. Die Masse darf aber auf keinen Fall anfangen zu kochen. Stellen Sie deshalb Ihren Caquelon nicht auf den Rechaud, sondern auf einen Kaffeewärmer mit Teelicht — ein Stövchen.

Reiben Sie den Caquelon mit einer halbierten Knoblauchzehe aus. Anschließend lassen Sie die Butter in dem Topf zerlaufen. Er darf bei diesem Gericht nur auf ganz kleiner Flamme stehen. Geben Sie den in feine Scheiben geschnittenen Käse, zusammen mit dem kochenden Wasser, zu. Unter ständigem Rühren lassen Sie den Käse nun zergehen. Natürlich können Sie ihn auch mit dem Schneebesen zu zarter Creme schlagen.

Dazu reichen Sie in mundgerechte Bissen geschnittenes Meterbrot.

Als Getränk eignen sich alle Weine aus dem Rhônetal. Haben Sie Ihre Wahl aber getroffen, sollten Sie für dieses Mal die Sorte nicht mehr wechseln: Der Wein muß für die Dauer des Mahls vom gleichen Jahrgang sein.

Emmentaler Fondue mit Kräutern

1 Knoblauchzehe, 500 g Emmentaler Käse, ¹/₄ l herber Weißwein, Pfeffer, Muskatnuß, 1 Schnapsgläschen Kirschwasser, ³/₄ Tasse frische, feingewiegte Kräuter, z. B. Dill, Estragon, Kresse, Borretsch, Petersilie.

Zunächst reiben Sie Ihren Caquelon mit der durchgeschnittenen Knoblauchzehe aus. Schneiden Sie den Käse in kleine Stückchen, die Sie zusammen mit dem Weißwein in den Topf geben. Nun stellen Sie den Caquelon auf Ihren Rechaud und erhitzen den Inhalt unter ständigem Rühren. Dazu verwenden Sie am zweckmäßigsten einen Holzlöffel, den Sie in Form einer Acht im Topf bewegen, bis die Masse zu kochen beginnt. Würzen Sie mit frisch gemahlenem Pfeffer und Muskatnuß, und verfeinern mit einem Gläschen Kirschwasser. Zuletzt rühren Sie noch die grünen Kräuter unter — und der Schmaus kann beginnen!

Würfel, mundgerecht von einem Laib Bauernbrot geschnitten, eignen sich wunderbar zum Tauchen. Verwenden Sie aber bitte kein frisches Brot. Es würde Ihnen nur von der Gabel bröckeln.

Dazu trinken Sie schwarzen Tee oder Weißwein von der gleichen Sorte, die in Ihrem Caquelon brodelt. Das könnte zum Beispiel Neuenburger sein, ein Mosel- oder auch ein herber Rheinwein.

Bauern-Fondue

1 Eßlöffel Butter, 1 Knoblauchzehe, 3/8 l herber Weißwein, 500 g Appenzeller Käse, Pfeffer, 1 kleines Sträußchen Petersilie.

Zerlassen Sie die Butter in Ihrem Caquelon auf kleiner Flamme. Schneiden Sie die geschälte Knoblauchzehe hinein, und lassen Sie sie schmurgeln, bis sie glasig ist. Dann gießen Sie vorsichtig, damit Ihnen der Topf nicht springt, den Wein zu. Raspeln Sie den Käse, und geben Sie ihn in den erhitzten Wein. Rühren Sie langsam und gleichmäßig mit einem Holzlöffel, den Sie in Form einer Acht durch den Topf bewegen. Sobald der Appenzeller Käse geschmolzen ist, würzen Sie mit Pfeffer und geben das feingewiegte Sträußchen Petersilie zu.

Zum Tauchen reichen Sie beim Bauern-Fondue kleine, festgekochte Kartoffeln und blanchierten Rosen- oder Blumenkohl. Natürlich servieren Sie außerdem in Würfel geschnittenes französisches Meterbrot.

Zu trinken gibt es diesmal einen leichten Tiroler Roten oder einen entsprechenden französischen Landwein und zwischendurch ein Gläschen Kirsch- oder Zwetschgenwasser.

Quark-Fondue

1 Knoblauchzehe, 75 g Butter, 500 g Appenzeller Käse, 500 g Quark, 2 Eßlöffel Stärkemehl, 1/8 l Milch, 2

Schnapsgläschen Kirsch- oder Zwetschgenwasser, 1¹/₂ Eßlöffel Paprika edelsüß, die dünngeschnittene Schale von ¹/₄ Zitrone.

Reiben Sie Ihren Caquelon mit der halbierten Knoblauchzehe aus. Anschließend schmelzen Sie darin die Butter zusammen mit dem Appenzeller Käse, den Sie zuvor geraspelt haben. Währenddessen arbeiten Sie unter den Quark, falls nötig, etwas Milch, damit Sie ihn glattrühren können (diese Milchzugabe ist nicht in den aufgeführten Zutaten enthalten, muß im Bedarfsfall also extra bemessen werden). Den glattgerührten Quark fügen Sie nun langsam dem geschmolzenen Käse zu. Das ist wichtig, damit Ihr Topfinhalt emulgiert und somit eine einheitliche Masse entsteht. Zum Schluß binden Sie mit dem Stärkemehl, das Sie in einer Mischung aus Milch und Schnaps angerührt haben. Geben Sie noch die Zitronenschale zu, und würzen Sie mit Paprikapulver.

Ihr Quark-Fondue kann nun mit Weißbrot- oder Bauernbrot-Würfeln verspeist werden.

Als Getränk paßt ein leichter Rotwein, aber auch Bier.

Käse-Tomaten-Fondue

1 Knoblauchzehe, ³/₈ l herber Weißwein, 500 g Gruyère, 3 Eßlöffel Tomatenpüree, 1 Schnapsgläschen Kirschwasser.

Teilen Sie die Knoblauchzehe, und reiben Sie mit den Schnittflächen die Innenseite Ihres Caquelon aus. Gießen Sie den Wein hinein, und stellen Sie nun den

Fonduetopf auf den Rechaud, damit der Wein warm wird. Erst wenn das geschehen ist, geben Sie den Käse, den Sie zuvor geraspelt haben, in den Wein. Sie rühren, bis der Käse geschmolzen ist, geben das Tomatenmark zu und schmecken anschließend mit einem Gläschen Kirschwasser ab. Ihr Käse-Tomaten-Fondue ist fertig.

Zum Tauchen reichen Sie französisches Meterbrot, das Sie in mundgerechte Würfel geschnitten haben.

Als Getränk servieren Sie den gleichen Wein, den Sie auch für Ihr Fondue verwendeten. Heißer, schwarzer Tee ist ebenfalls eine ausgezeichnete Ergänzung.

Genfer Fondue

250 g Emmentaler, 250 g Gruyère, 3/8 l herber Weißwein, 1/8 l Sahne, 3 Eigelb, 1 Messerspitze Knoblauchpulver, 1/2 Tasse feinblättrig geschnittene Champignons.

Zunächst raspeln Sie den Käse und füllen ihn sodann in Ihren Caquelon. Geben Sie Wein, Sahne und Eigelb zu, stellen Sie den Caquelon auf den mit kleiner Flamme brennenden Rechaud oder ein Stövchen, und rühren Sie, bis eine cremige Masse entsteht. Sie darf nur heiß werden, jedoch auf keinen Fall zum Kochen kommen. Schmecken Sie mit einer Messerspitze Knoblauchpulver ab, und rühren Sie zuletzt die feinblättrig geschnittenen Champignons unter.

Zum Genfer Fondue schneiden Sie französisches Weißbrot in mundgerechte Bissen.

Reichen Sie Wein von der gleichen Sorte, die Sie für Ihr Fondue verwendet haben. Wer Nichtalkoholisches vorzieht, bekommt heißen schwarzen Tee serviert.

Bier-Fondue, englisch

1/2 l dunkles, bitteres Bier (wenn Sie es bekommen können, kaufen Sie echt englisches Ale), 500 g Cheddar-Käse, 1 Gläschen Whisky oder Gin, 1 Teelöffel Stärkemehl, Worcestersauce.

Cheddar — von orangegelber Färbung — hat einen unvergleichlich nußartigen Geschmack. Dieser Käse kommt aus England zu uns. Schneiden Sie ihn in kleine Stückchen, während Sie das Bier in Ihrem Caquelon auf kleiner Flamme langsam erhitzen. Geben Sie den Käse zu, und rühren Sie langsam und gleichmäßig, bis er geschmolzen ist. Nebenbei rühren Sie das Stärkemehl mit Whisky oder Gin glatt und gießen es in die Käsemasse, sobald sie zu steigen beginnt. Schmecken Sie das Bier-Fondue mit einem Spritzer Worcestersauce ab.
Dazu gibt es Weiß- und Bauernbrot, in Würfel geschnitten.
Als Getränk reichen Sie natürlich Bier oder — besser — a pint of ale.

Mainzer Käse-Fondue

500 g Mainzer Käse ohne Kümmel, 1 Tasse (ungefähr 1/8 l) Sahne, 1/4 l herber Weißwein, 2 Gläschen Klaren, 1 Eßlöffel Stärkemehl, 1 Teelöffel Paprika, edelsüß.

Schneiden Sie den Käse in kleine Stückchen. Geben Sie ihn zusammen mit der Sahne in Ihren irdenen Fonduetopf. Lassen Sie ihn auf kleiner Flamme unter ständigem Rühren schmelzen. Gießen Sie vorsichtig den Wein zu. Nachdem die Masse zu steigen beginnt, geben Sie das Stärkemehl zu, das Sie zuvor mit einem Gläschen Klaren angerührt haben. Nach nochmaligem Aufkochen kommt das zweite Gläschen hinzu. Anschließend würzen Sie noch mit edelsüßem Paprikapulver.

Außer Bauernbrot, in mundgerechte Würfel geschnitten, servieren Sie Knackwürstchen in dicken Stücken.

Dazu reichen Sie dunkles Bier und hin und wieder einen Klaren. Diese „Mischung" ist für Autofahrer allerdings nicht besonders zuträglich. Aber das wissen Sie ja ohnehin.

Das Mainzer Käse-Fondue serviere ich meinen Gästen mit Vorliebe an einem warmen Sommerabend auf dem Balkon: Da ist das starke Aroma des Mainzer Käses angenehm. Den Duft aus der Wohnung herauszubringen erfordert aber sehr langes Lüften.

Tilsiter Käse-Fondue

3/8 l Bouillon, 500 g Tilsiter Käse, 2 Gläschen Slibowitz, eventuell 1 Eßlöffel Stärkemehl, weißer Pfeffer.

Gießen Sie die Bouillon zusammen mit einem Gläschen Slibowitz in Ihren Caquelon, den Sie bei kleiner Flamme auf Ihren Rechaud stellen. Raspeln Sie den Käse auf Ihrem Hobel, und geben Sie ihn in die erhitzte Bouillon. Rühren Sie, bis der Tilsiter sich gelöst hat. Ist die Masse zu dünn, so rühren Sie das Stärkemehl mit dem zweiten Gläschen Slibowitz glatt und geben es unter weiterem Rühren zu. Andernfalls gießen Sie den Slibowitz so zu der Käsemasse. Mit weißem Pfeffer abgeschmeckt, ist das Tilsiter Käse-Fondue bereit, verspeist zu werden.

Reichen Sie dazu dunkles Bauernbrot, in Würfel geschnitten, und außerdem kleine Hackfleischbällchen: Würzen Sie 250 g Hackfleisch wie für einen „falschen Hasen", formen kleine, walnußgroße Bällchen daraus und lassen sie in etwas Salzwasser gar ziehen.

Zu trinken gibt es heißen schwarzen Tee und ab und zu ein Gläschen Slibowitz.

Moitié-Moitié

bedeutet soviel wie halb und halb. In diesem speziellen Fall bedeutet es halb Hart- und halb Weichkäse. Für dieses Rezept benötigen Sie:

An Hartkäse 250 g Emmentaler oder Gruyère und an Weichkäse 250 g Vacherin, französischen Brie oder Camembert, gut 1/4 l herben Weißwein, 1 Schnapsgläschen Kirschwasser, Pfeffer.

Raspeln Sie den Emmentaler oder Gruyère, und schneiden Sie den Weichkäse in kleine Stückchen, nachdem Sie die Schimmelschicht sorgfältig entfernt haben — sie löst sich nämlich nicht auf. Berücksichtigen Sie diesen Gewichtsverlust schon beim Einkauf, kaufen Sie also gleich 300 g, so können bei der Zubereitung keine unliebsamen Überraschungen eintreten. Füllen Sie den Hartkäse — und bitte nur diesen! — zusammen mit dem Wein in Ihren Caquelon. Den Rechaud auf kleine Flamme gestellt, rühren Sie, bis der Käse geschmolzen ist. Sobald die Masse zu steigen anfängt, in dem Moment also, in dem sie zu kochen beginnt, geben Sie den kleingeschnittenen Weichkäse zu. Nun müssen Sie weiterrühren, bis sich auch dieser Käse gelöst hat. Und je fleißiger Sie rühren, um so zarter wird die Creme. Nun schmecken Sie noch mit frisch gemahlenem Pfeffer ab und verfeinern mit einem Gläschen ausgesucht gutem Kirschwasser.

In diese duftende Köstlichkeit tauchen Sie mundgerecht geschnittene Weißbrotwürfel. Die Käsecreme muß auch während der Mahlzeit leise vor sich hinbrodeln, darf aber nicht wirklich zum Kochen kommen.

Trinken Sie zum Moitié-Moitié den gleichen Wein, den Sie zur Zubereitung verwendet haben, eventuell auch einen etwas süffigen Wein. Nicht fehlen sollte der „coup du milieu" — das Gläschen Kirschwasser zur Halbzeit.

Flambiertes Fondue

¼ l herber Weißwein, 250 g Emmentaler, 250 g Gruyère, 1 Eßlöffel Stärkemehl, 1 Gläschen Cognac, Pfeffer, Muskatnuß; zum Flambieren: 2 Eßlöffel Cognac.

Füllen Sie den Wein in Ihren Caquelon, und erhitzen Sie ihn langsam auf der kleingedrehten Flamme Ihres Rechaud. Inzwischen reiben Sie den Käse, den Sie anschließend unter Rühren zugeben. Rühren Sie weiter, bis sich der Käse gelöst hat und die Masse zu steigen beginnt. Nun gießen Sie das Stärkemehl an, das Sie mit dem Gläschen Cognac angerührt haben, und lassen alles noch einmal aufkochen. Zum Schluß schmecken Sie mit Pfeffer und geriebener Muskatnuß ab.

Jetzt kommt der große Augenblick: Vorsichtig gießen Sie den Cognac auf die Käsecreme. Er darf sich nicht untermischen. Warten Sie einen Moment, bis er sich auf der Käsemasse erwärmt hat, dann zünden Sie ihn mit einem Streichholz an. Lassen Sie die Flamme brennen, bis sie von selbst ausgeht. Das geschieht, sobald der Alkohol verbrannt ist. Bitte verwenden Sie nur Cognac von guter Qualität. Gerade beim Flambieren treten die negativen Merkmale einer minderen Sorte besonders stark hervor und können Ihr wunderbar gelungenes Fondue leicht verderben.

Sobald die Flämmchen erloschen sind, können Sie zur Gabel greifen. Ein ganzer Berg mundgerechter Würfel aus französischem Meterbrot liegt bereit, um nun in den herrlich duftenden, heißen Käse getaucht zu werden: Der fröhliche Schmaus beginnt!

Dazu trinken Sie von dem gleichen Wein, mit dem Sie Ihr Fondue zubereitet haben. Für alkoholfeindliche Gäste können Sie starken Kaffee reichen — aber, bitte, schwarz.

Ein Fondue ist ein rustikales Mahl. Gewöhnlich läßt man es ohne echten Abschluß, und kein Mensch stört sich daran. Aber warum wollen Sie nicht einmal einen richtig festlichen Schmaus daraus machen? Reichen Sie — gewissermaßen als Vorspeise — eine Tasse klarer, echter Fleischbrühe, eine köstliche Ochsenschwanzsuppe vielleicht, und beschließen Sie mit einem Nachtisch, mit dem Sie das Herz eines jeden Feinschmeckers gewinnen — mit Birne Hélène. Diese fruchtige Schokoladenköstlichkeit bereiten Sie folgendermaßen zu:

Birne Hélène

4 Birnen (pro Person eine), 1 Päckchen Vanillinzucker, 1 Messerspitze Zimt, je nach Süße der Birnen 1 Teelöffel bis 1 Eßlöffel Zucker, 1 Packung Vanilleeis aus der Tiefkühltruhe, 100 g halbbittere Kuvertüre.

Schälen und halbieren Sie die Birnen, und entfernen Sie daraus das Kernhaus. Legen Sie die Birnenhälften in einen Topf, und gießen Sie wenig Wasser auf, das Sie mit Vanillinzucker, Zimt und Zucker versetzen. Dünsten Sie die Birnenhälften nur so lange, daß sie bißfest bleiben. Das dauert je nach Größe und Sorte verschieden lang — ungefähr 5—10 Minuten. Anschließend lassen Sie die Birnen abtropfen und auskühlen.

Haben Sie einen Portionierer, stechen Sie Kugeln aus dem Vanilleeis aus. Andernfalls schneiden Sie es in Würfel. Kugeln oder Würfel verteilen Sie auf Dessertschalen und legen jeweils zwei Birnenhälften dazu. Inzwischen haben Sie die Kuvertüre im heißen Wasserbad zum Schmelzen gebracht. Jetzt gießen Sie die heiße Schokoladenschmelze als Soße über die Birnenhälften.

Birne Hélène muß sofort serviert werden, so daß die Soße noch heiß ist, wenn sie zu Tisch kommt.

Fondue Fribourgoise

1 Knoblauchzehe, 150 g Butter, 400 g Emmentaler, 6 Eigelb, 1/4 l Sahne.

Reiben Sie Ihren irdenen Fonduetopf mit der halbierten Knoblauchzehe aus. Dann bringen Sie darin die Butter zum Schmelzen. Fügen Sie unter ständigem Rühren den Käse zu, den Sie zuvor in kleine Stückchen geschnitten haben. Verquirlen Sie die Eigelb mit der Sahne, und gießen Sie das Ganze vorsichtig und unter weiterem Rühren in den geschmolzenen Käse. Sie müssen ständig weiterrühren, bis die Masse beinahe zu kochen beginnt.

Auch während der Mahlzeit halten Sie Ihr Freiburger Fondue nur ganz, ganz leise am Kochen. Heizt Ihr Rechaud zu stark, so legen Sie zwischen Spiritusflamme und Caquelon eine Asbestplatte. Oder Sie stellen Ihren Fonduetopf auf einen mit Kerzchen ausgerüsteten Kaffeewärmer, ein sogenanntes Stövchen.

Dazu reichen Sie mundgerecht geschnittene Weißbrotwürfel. Auch Bauernbrot paßt sehr gut.

Als Getränk servieren Sie, was generell für Käse-Fondues gilt: heißen schwarzen Tee oder Weißwein. In diesem besonderen Falle können Sie auch einen trockenen Rosé oder gar Champagner servieren. Das Fondue Fribourgoise wird ja ohne jeden Alkohol zubereitet.

Käse-Champagner-Fondue

³/₈ l Champagner „brut", 500 g Emmentaler, 1 Teelöffel Stärkemehl, 1 Teelöffel Zitronensaft, 2 schwarze, feingehackte Trüffeln.

Gießen Sie den Champagner oder auch deutschen Sekt in Ihren irdenen Fonduetopf. Geben Sie den Emmentaler zu, den Sie zuvor geraspelt haben. Auf kleiner

Flamme lassen Sie die Mischung unter ständigem Rühren zum Kochen kommen. Sie verrühren das Stärkemehl mit dem Zitronensaft. Geben Sie, wenn nötig, noch ein paar Tropfen Wasser zu. Sobald die Käsecreme zu steigen beginnt — das geschieht, wenn sie anfängt zu kochen —, gießen Sie das glattgerührte Stärkemehl hinein und rühren weiter, bis die Masse wieder kocht. Heben Sie noch die feingehackten Trüffeln unter.

Und nun können Sie zur Gabel greifen! In Würfel geschnittenes Meterbrot gehört dazu. Außerdem etwas Pikant-Frisches wie „Bambussprossensalat mit Hühnerfleisch".

Natürlich trinken Sie diesmal ausschließlich Champagner. Zugegeben, es wird kein ganz billiger Abend werden, aber — solch ein Fest, wie Sie es heute feiern, gibt es ja auch nicht alle Tage!

Bambussprossensalat mit Hühnerfleisch

Das gekochte Brustfleisch eines mittelschweren Huhnes, 1 kleine Dose Bambussprossen, 5 große Champignonköpfe, 2 Eßlöffel Estragon-Essig, 1 Eßlöffel Öl, 1/2 Bund Schnittlauch, Zwiebelsalz, Pfeffer, 1 Prise Zucker.

Verrühren Sie in einer Schüssel Estragon-Essig, Öl, Zwiebelsalz, Pfeffer und eine Prise Zucker zu einer Marinade. Da hinein geben Sie das kleingeschnittene Hühnerfleisch, die Bambussprossen und die blanchierten und blättrig geschnittenen Champignons. Streuen Sie den in Röllchen zerteilten Schnittlauch darüber, und vermischen Sie alles gut miteinander.

Stellen Sie den fertigen Salat so lange in den Kühlschrank, bis Sie ihn servieren. Auf jeden Fall sollte er ungefähr eine halbe Stunde durchziehen.

Gouda-Fondue

500 g holländischer Gouda, ¹/₂ l Apfelwein und zusätzlich 2—3 Eßlöffel Apfelwein, in dem Sie 1 gestrichenen Eßlöffel Stärkemehl glattrühren, 1 Schnapsgläschen Calvados.

Sie gießen den Apfelwein in Ihren Caquelon und geben den in kleine Stückchen geschnittenen Käse zu. Dann stellen Sie den Topf auf kleine Flamme Ihres Küchenherdes oder auf Ihren Rechaud. Lassen Sie unter ständigem Rühren den Käse schmelzen. Wenn die Masse zu steigen beginnt, fügen Sie das in etwas Wein verrührte Stärkemehl hinzu. Rühren Sie weiter, bis die Käsecreme wieder zu kochen beginnt. Nun verfeinern Sie mit einem Gläschen Calvados: Das gibt dem Gouda-Fondue eine ganz besonders raffinierte Note.
Dazu haben Sie Stangenbrot in mundgerechte Bissen geschnitten und — gut erreichbar für jedermann — in Körbchen aufgestellt. Auch blanchierter Rosenkohl oder Blumenkohlröschen sind zum Tauchen eine ganz delikate Abwechslung!
Zu trinken gibt es Apfelwein und zwischendurch ein Gläschen Calvados.

Champignon-Fondue

2 Eßlöffel Butter, 250 g frische Champignons, 300 g Emmentaler Käse, ¹/₄ l herber Weißwein, ¹/₂ Tasse Sahne, weißer Pfeffer, 1 Teelöffel Zitronensaft.

Zunächst putzen und waschen Sie die Champignons. Anschließend schneiden Sie sie in ganz kleine Würfel. Sie lassen die Butter in Ihrem Fonduetopf zergehen und dünsten darin die Champignons an. Raspeln Sie den Käse auf Ihrem Käsehobel, und geben Sie ihn zusammen mit dem Wein in den Topf. Rühren Sie, bis sich die Zutaten zu einer Creme verbinden. Runden Sie das Champignon-Fondue mit der Sahne ab, und verfeinern Sie es mit etwas Pfeffer und ein paar Tropfen Zitronensaft.

Dieses Fondue muß während des Essens heiß bleiben, soll aber nicht kochen: es würde sonst gerinnen.

Servieren Sie zum Tunken in mundgerechte Stücke geschnittenes Stangenbrot und gekochten mageren Schinken, in Würfel geschnitten.

Zu trinken gibt es heißen schwarzen Tee oder den gleichen Wein, den Sie für Ihr Champignon-Fondue verwendet haben.

Italienisches Fondue

375 g Tomaten, 375 g Emmentaler Käse, 1/4 l herber Rotwein, 1 Knoblauchzehe, 1 Eßlöffel Butter, 1 Eßlöffel Oregano, 1 Teelöffel Paprikapulver edelsüß.

Reiben Sie Ihren Caquelon mit der zerteilten Knoblauchzehe aus und zerlassen darin die Butter. Schon zuvor haben Sie die Tomaten überbrüht, ihnen die Haut abgezogen und sie anschließend im Mixer püriert. Diese Masse füllen Sie nun in den Fonduetopf, rühren den

Foto: Emmentaler Fondue mit Kräutern Rezept Seite 21　▶

Rotwein unter und lassen alles zusammen heiß werden. Inzwischen raspeln Sie den Käse, den Sie dann langsam und unter ständigem Rühren in den Topf geben. Sobald der Käse geschmolzen und eine glatte Creme entstanden ist, würzen Sie mit Oregano und edelsüßem Paprikapulver.

Servieren Sie außer in Würfel geschnittenem Stangenbrot ebenso vorbereitete magere Fleischwurst, die abwechselnd mit dem Brot getaucht wird. Sie können Brot- und Wurstwürfel auch halbieren, so daß sich jeder ein Stückchen Brot und ein Stückchen Wurst fürs Tauchen zusammenstecken kann.

Dazu reichen Sie den gleichen Rotwein, mit dem Sie Ihr Fondue zubereitet haben.

Bier-Fondue

700 g Emmentaler Käse, ³/₄ l helles Bier, 1 gehäufter Teelöffel Mehl, 1 Teelöffel Stärkemehl, Salz nach Geschmack, 1 Eßlöffel Worcestersauce, 6—8 Tropfen Tabasco, ¹/₂ zerdrückte Knoblauchzehe, 2 Eier, 1 Eßlöffel gehackte Petersilie.

Das Bier-Fondue bereiten Sie am besten in der Küche vor. Reiben Sie den Käse, während Sie das Bier in Ihrem Fonduetopf auf dem Herd bei mittlerer Flamme erhitzen. Geben Sie den Emmentaler eßlöffelweise und unter ständigem Rühren in das Bier, so daß eine cremige Masse entsteht. Vermischen Sie Mehl und Stärkemehl und rühren es mit etwas kaltem Wasser an. Sobald die Käsecreme zu kochen beginnt — das ist der Moment, in dem sie im Topf steigt —, rühren Sie das

Mehlgemisch unter. Lassen Sie alles noch einmal auf-
wallen und nehmen dann den Topf vom Feuer. Schmekken Sie die Käsemasse mit Salz, Worcestersauce, Tabasco und dem Saft der zerdrückten Knoblauchzehe ab.
Verquirlen Sie die Eier miteinander, schlagen etwas
von der heißen Fonduemasse darunter und geben sie
unter ständigem Rühren in den Fonduetopf. Auf diese
Weise verhindern Sie ein Gerinnen der Eier. Zuletzt
bestreuen Sie die Oberfläche mit gehackter Petersilie.
Nun bringen Sie den Caquelon zu Tisch und stellen
ihn auf den Rechaud, so daß das Bier-Fondue heiß
bleibt. Damit es aber nicht zum Kochen kommen kann,
drehen Sie den Brenner auf kleine Flamme.
Auch zum Bier-Fondue reichen Sie in mundgerechte
Würfel geschnittenes Stangenbrot. Zum Trinken gibt es
diesmal jedoch helles Bier, zwischendurch auch einen
klaren Schnaps.

Fleisch-Fondues aus aller Welt

Vor anderthalb Jahrzehnten, als das Fondue — von seiner engeren Heimat ausgehend — sich ganz Europa eroberte, kannte man natürlich nur die klassischen, die echten Fondues, die allesamt mit geschmolzenem Käse zubereitet wurden. Und sicher haben auch Sie, der alten Tradition folgend, Ihre Gäste zunächst mit der einen oder anderen Variation der altüberlieferten Käserezepte bewirtet und damit stets den gewünschten Achtungserfolg erzielt. Doch Abwechslung ist der besondere Reiz jeder Küche. Versuchen Sie es also nun mit einem der köstlichen Fleisch-Fondues.

Die Bezeichnung „Fondue" ist für diese Gerichte eigentlich falsch. Ge- oder verschmolzen wird hier natürlich nichts. Und zumeist stammen diese Gerichte auch gar nicht aus dem Ursprungsland der Fondues — ja, nicht einmal aus der unmittelbaren Nachbarschaft. In ihrer Heimat bezeichnet man sie deshalb auch gewöhnlich ganz anders. Aber sie werden in geselliger Tafelrunde aus einem Topf gegessen. Und für diese Art des Essens hat sich bei uns nun einmal ein Begriff eingebürgert, der sie gesellschaftsfähig, ja, zu einem besonderen Ereignis machte — Fondue. Bleiben wir also dabei.

Für diese Art charmanter Eintopfgerichte brauchen Sie auf jeden Fall einen Metalltopf. Ihr bewährter Caquelon hält die Hitze des siedenden Öls, in dem ein Teil der Fleisch-, Fisch- oder Geflügel-Fondues zubereitet wird, unter Umständen nicht aus und könnte Ihnen springen. Schön und praktisch zugleich ist ein Kupfertopf mit

Stiel, dessen oberer Rand sich nach innen verjüngt. Bei dieser Form kann der Inhalt nicht so leicht überschäumen. Und durch die geringe Oberfläche geht auch nicht soviel Hitze verloren. Neuerdings bekommen Sie auch Töpfe aus Edelstahl oder Emailtöpfe in leuchtenden Farben. Sie laufen nicht an und müssen daher auch nicht mit Spezialmitteln poliert werden. Ich finde jedoch die Stahltöpfe schrecklich nüchtern, und die emaillierten passen nicht in jedes Eßzimmer. Außerdem sind inzwischen auch elektrische Fonduegeräte auf dem Markt. Sie haben den großen Vorteil, daß sie – ist die Wärmezufuhr einmal richtig eingestellt – gleichmäßig heizen. Aber sachliche Überlegungen spielen beim Fondue eine untergeordnete Rolle: Wen stört schon der Spirituskocher mit seinen kleinen Tücken? Gerade die offene Flamme und das schimmernde Kupfer schaffen eigentlich erst die romantische Atmosphäre, die zu solch einem Mahl dazugehört. Aber auch das ist wohl Sache des persönlichen Geschmacks – ich will Ihnen nur Anregungen geben, keine Vorschriften machen. Gleich also, für welchen Fonduetopf Sie sich auch immer entscheiden mögen: In jedem Fall brauchen Sie langstielige, zweizackige Fonduegabeln mit Holzgriff. Normales Besteck wäre, wie auch beim Käsefondue, ungeeignet. Es würde während des Garens der Fleischstücke in den Topf hineinrutschen. Lassen Sie sich beim Kauf der Fonduegabeln jedoch nicht von den leuchtenden Farben der Kunststoffgriffe verführen. Sie sind bildschön anzusehen, leider aber auch in diesem Fall gänzlich ungeeignet: Plastikmaterial verträgt die Hitze nicht. Wählen Sie also Gabeln, deren Griffe aus Holz bestehen und eine wirklich schöne Maserung aufweisen. Am Griffende ist meist ein farbiger Punkt angebracht. Achten Sie bitte darauf, daß Sie nicht eine

Farbe mehrmals nehmen. An Hand des Farbtupfens kann jeder Gast seine Gabel erkennen.

Fondue ist das fröhliche Party-Essen unter Freunden. Das gilt natürlich ebenso fürs Fleisch-Fondue. Nichts Formelles haftet ihm an. Und das soll auch in der Tischdekoration zum Ausdruck kommen. Legen Sie ein farbiges Tischtuch auf mit dazupassenden Servietten, decken Sie mit speziellen Fonduetellern aus Steinzeug. Diese Teller sind mehrfach unterteilt, damit die verschiedenen Soßen, die das Geheimnis und den Reiz des Fleisch-Fondues ausmachen, nicht ineinanderlaufen können. Fondueteller gibt es in allen Farben. Sie sind nicht nur zweckmäßig, sondern auch sehr dekorativ.

Außerdem brauchen Sie viele kleine Schälchen und Schüsselchen, in denen Sie all Ihre Soßen und Salate servieren. Verwenden Sie auch dafür nach Möglichkeit rustikale Keramik in verschiedenen, zu Ihren Fonduetellern passenden Farben. Dabei können die Formen durchaus unterschiedlich sein.

Bei allen Fleisch-Fondues ist eines wichtig: Sie stehen und fallen mit der Qualität des Fleisches. Über ein wahrhaft gelungenes Mahl entscheidet also schon der Fleischkauf. Nehmen Sie nur bestes Fleisch erster Qualität: gut abgehangenes Filet von Kalb, Rind und Schwein, befreit von allem Fett, von Haut- und Sehnenteilen. Daneben sind schiere Stücke von Reh und Hirsch, Huhn und Pute, bei entsprechender Vorliebe auch Hammel, geeignet. Selbst Innereien wie Kalbs- oder Geflügelleber und Schweinenieren erweisen sich als sehr delikat. Pro Person benötigen Sie 150 bis 200 Gramm. Aber auch wenn Sie mehr kaufen, wird Ihnen kaum etwas davon übrigbleiben.

Verwenden Sie bitte ein geschmackneutrales Fett. Erdnußöl, Kokosfett und überhaupt alle Fette, die sehr heiß werden, eignen sich gut. Ungeeignet dagegen sind Salat- oder Olivenöl. Der sonst gewünschte Eigengeschmack würde hier alles verderben.

Für Sie als Gastgeberin hat solch ein Fondue-Essen einen ganz besonderen Vorteil: Sie können alles vorbereiten, bevor Ihre Gäste kommen. Während der Mahlzeit haben Sie Zeit, sich der Unterhaltung zu widmen, statt dauernd hin- und herlaufen zu müssen. Alle Zutaten stehen auf dem Tisch: Salate, Soßen, das geschnittene Fleisch und — greifbar für jeden — Salzstreuer und Pfeffermühle. Auf dem Rechaud steht der Metalltopf mit dem siedenden Öl oder — je nach Rezept — auch der kochenden Brühe. Jeder Gast stellt sein Menü selbst zusammen: Er sucht sich aus der reichhaltigen Auswahl das heraus, was er besonders gern ißt. Nicht Menge, sondern Vielfalt ist hier entscheidend. Reichen Sie viele verschiedene Salate und Soßen. Manche dieser Beilagen können Sie fertig kaufen: Grüne und schwarze Oliven, Perlzwiebeln, eingelegte Maiskölbchen, Salz- und Pfeffergürkchen, süß-sauer eingemachte Kürbisse, Tomatenpaprika, Senffrüchte, Ingwer in Sirup, Rumtopf-Früchte, Pflaumen in Armagnac. Auch an fertigen Salaten werden Sie weit mehr als nur Sellerie- und Budapester Salat in den Regalen Ihres Feinkosthändlers finden, falls Sie es nicht vorziehen, alle Salate selbst zuzubereiten. Und die Auswahl an Soßen ist fast unerschöpflich: Cumberland-, Fruit-, Barbeque-, Fondue-, Meerrettich-, Tartar- und Chilisauce sind nur ein kleiner Teil davon. Sie bekommen all diese Köstlichkeiten in Gläsern oder Flaschen haltbar verpackt — und das nicht nur in Feinkostgeschäften großer Städte. Inzwischen haben sich auch Lebensmittelläden und die Delikatessenabteilungen der Kaufhäuser dem modernen Trend angepaßt und ihr Sortiment beträchtlich erweitert. Auch die Auswahl an ausländischen Gewürzen und Würzsoßen ist beachtlich geworden. Mit etwas Phantasie können Sie fertig gekaufte Soßen und Salate individuell abwandeln und verfeinern. Hier gleich ein Trick: Ein Eßlöffel Cognac oder ein Schuß Sherry können — richtig angewendet — wahre Wunder wirken. Aber, bitte, verwenden Sie nur wirklich guten Cognac oder Sherry — mindere Qualität schlägt durch.

Stets stehen Ihnen zwei Wege offen: Sie können sich viel Arbeit machen und alles selbst zubereiten, oder Sie können vieles fertig kaufen und nur ein wenig verfeinern. Letzteres ist ideal für die berufstätige Hausfrau und den in seiner Zeit beschränkten, verführerischen Junggesellen: Auch er — und vielleicht gerade besonders er — weiß die intime Romantik einer Fondue-Party zu schätzen. Den Erfolg verbürgen erprobte Rezepte. Die folgenden Seiten bieten reiche Auswahl für jeden Geschmack.

Die Portionen sind jeweils für 4—5 Personen berechnet.

Fondue Bourguignonne

1 kg Rinderfilet, 1 l Öl oder 1 kg Kokosfett.

Schneiden Sie das Fleisch in 2 cm große Würfel oder entsprechende Streifen, die Sie auf Holztellern servieren. Erhitzen Sie das Öl oder Kokosfett in Ihrem metallenen Fonduetopf, den Sie auf den Rechaud in die Mitte des Tisches stellen. Die Spiritusflamme regulieren Sie dabei so, daß das Fett auch während der gesamten Mahlzeit weitersiedet.

Jeder Teilnehmer Ihrer Fondue-Party spießt sich ein Stückchen Fleisch auf seine Gabel und läßt es daran in dem siedenden Öl oder Kokosfett nach Geschmack mehr oder minder garen. Mit Salz und Pfeffer bestreut, verspeist man das Fleisch „natur" oder taucht es anschließend in eine der bereitstehenden Soßen. Auch eine Auswahl an Salaten, die man zwischen den einzelnen Fleischhappen ißt, darf natürlich nicht fehlen.

An Getränken ist alles erlaubt, was Ihren Gästen Freude macht: Weiß- und Rotweine passen ebensogut wie Bier und „harte Sachen".

Apfelkren

2 Äpfel, Saft einer halben Zitrone, 3—4 Eßlöffel Weißwein, 1 Eßlöffel frischgeriebener Meerrettich (Kren), 1 Prise Zucker.

Schälen Sie die Äpfel, und entfernen Sie das Kerngehäuse. Anschließend reiben Sie sie auf Ihrer Rohkostreibe ganz fein und beträufeln den Apfelbrei mit Zitronensaft. Damit verhindern Sie ein Verfärben. Rühren Sie Weißwein und geriebenen Meerrettich unter, und schmecken Sie den Apfelkren mit einer Prise Zucker ab.

Currysoße

1/2 Tasse Mayonnaise, 1/2 Tasse Sahne, 1 Eßlöffel Tomatenketchup, 2—3 Teelöffel Currypulver, 1 Teelöffel Zitronensaft.

Rühren Sie die Mayonnaise mit der Sahne schaumig, und geben Sie Tomatenketchup zu. Anschließend streuen Sie so viel Currypulver ein, wie Sie es geschmacklich lieben. Zuletzt runden Sie die Currysoße mit etwas Zitronensaft ab.

Sauce Béarnaise

6 Eßlöffel Wein, 2 gehackte Schalotten, 1 Eßlöffel gehackte Kräuter, 3 Eigelb, 6 Eßlöffel Fleischbrühe, Pfeffer, Salz, 1 Prise Zucker, 100 g Butter.

Lassen Sie den Wein, zusammen mit den Schalotten und den Kräutern, ungefähr 10 Minuten kochen. Gießen Sie sodann die Flüssigkeit durch ein Sieb in eine feuerfeste Kasserrolle. Schalotten und Kräuter werden nicht weiterverwendet. Verrühren Sie die Eigelbe in der kalten Fleischbrühe, und geben Sie das Gemisch unter kräftigem Schlagen in den Gewürzsud. Stellen Sie Ihren Topf ins heiße Wasserbad, und schlagen Sie die Masse weiter, bis sie dick wird. Schmecken Sie mit Salz, Pfeffer und einer Prise Zucker ab. Lassen Sie die Butter getrennt in einem Topf zergehen. Sie soll flüssig sein, darf aber nicht bräunen. Geben Sie die flüssige Butter tropfenweise und unter weiterem Schlagen in die Masse. Stellen Sie die Sauce Béarnaise warm. Sie darf aber auf keinen Fall zum Kochen kommen.

Spargelsalat

1 große Dose Spargelabschnitte mit Köpfen, 1 kleine Dose Mandarinen, 150 g magerer, gekochter Schinken

am Stück, 100 g Mayonnaise, das Eigelb von 2 hartge-
kochten Eiern, 1 gestrichener Teelöffel Kräutersenf,
1 Teelöffel Zitronensaft, Salz, Zucker, 1 kleines Sträuß-
chen Petersilie.

Sie lassen die Spargelabschnitte auf einem Sieb gut
abtropfen und füllen sie anschließend in eine Schüssel.
Dazu geben Sie die Mandarinen ohne ihren Saft. Nun
schneiden Sie den Schinken in kleine Würfel, die auch
in die Schüssel kommen.

Verrühren Sie die Mayonnaise mit den beiden gut zerdrückten Eigelben, dem Kräutersenf und Zitronensaft zu
einer glatten Soße, die Sie mit Salz und einer Prise
Zucker abschmecken. Rühren Sie die feingewiegte
Petersilie unter, bevor Sie die Masse über den Inhalt
der Schüssel gießen. Vermischen Sie alles gut miteinander.

Spargelsalat muß frisch angemacht auf den Tisch kommen. Bereiten Sie ihn also erst kurz vor Ankunft Ihrer
Gäste zu — es dauert ja nicht lange.

Bunter Salat

200 g magerer, gekochter Schinken oder gute Fleisch-
wurst am Stück, 2 hartgekochte Eier, 1 kleine Packung
junge Erbsen aus der Tiefkühltruhe, 1 kleine Salatgurke,
3 feste Tomaten, 1 kleine Dose Mandarinen, 3 Eßlöffel
Öl, 1 Eßlöffel Zitronensaft oder Estragon-Essig, Salz,
Pfeffer, Zucker, 1 kleiner Bund Dill, ¹/₂ Bund Petersilie.

Kochen Sie die Erbsen nach Vorschrift, und lassen
Sie sie anschließend gut abtropfen. Schneiden Sie den
Schinken in kleine Würfel. Verwenden Sie statt des

Schinkens Fleischwurst, so ziehen Sie ihr selbstverständlich die Haut ab, bevor Sie sie würfeln. Schneiden Sie die Salatgurke mit Schale in 2—3 mm dicke Scheiben, nachdem Sie sie gewaschen haben. Teilen Sie die Tomaten in grobe Stücke. Pellen Sie die Eier, und zerteilen Sie sie mit einem entsprechenden Eierschneider in Sechstel. Lassen Sie die Mandarinen auf einem Sieb abtropfen. Stellen Sie dabei ein Gefäß unter, in dem Sie den Saft auffangen (mit einem Schuß Gin oder Wodka gemixt und eisgekühlt getrunken ist der Saft wunderbar erfrischend).

Rühren Sie in einer Schüssel Öl, Zitronensaft oder Estragon-Essig zu einer Marinade, die Sie mit Salz, Pfeffer und einer Prise Zucker abschmecken. Wiegen Sie Dill und Petersilie sehr fein und rühren beides unter die Marinade.

Geben Sie die vorbereiteten Zutaten in die Schüssel und heben alles vorsichtig untereinander. Der fertige Salat kann sofort serviert werden.

Ungarisches Hirten-Fondue

750 g Rinderfilet, 4 grüne Paprikaschoten, 3 Zwiebeln, 1 l Öl oder 1 kg Kokosfett.

Seien Sie wählerisch beim Kauf des Fleisches. Nehmen Sie nur erstklassige Qualität. Für Fondue ganz besonders geeignet ist gut abgehangenes Filet. Schneiden Sie das Fleisch in Streifen oder mundgerechte Würfel. Entfernen Sie die Kerne aus den Paprikaschoten, die Sie anschließend in Würfel hacken. Schälen Sie die

Zwiebeln, und schneiden Sie sie in Ringe. Richten Sie alle Zutaten getrennt auf Holztellern oder Schalen an. Inzwischen bringen Sie das Öl oder Kokosfett auf dem Herd zum Sieden und stellen anschließend Fonduetopf und Rechaud in die Tischmitte.

Jeder Teilnehmer Ihrer Fonduerunde spießt abwechselnd Fleischstücke, Paprikawürfel und Zwiebelringe auf seine Fonduegabel und läßt die Bissen im siedenden Fett garen, bevor er sie in eine der folgenden Soßen taucht:

Tatarensoße

100 g Mayonnaise, 1 Eßlöffel Kapern, 1 kleine Gewürzgurke, 3 Oliven, 1 Eßlöffel feingewiegte Petersilie, 1 Eßlöffel feingewiegte Zwiebeln, 1 Teelöffel Zitronensaft, 1 Stäubchen weißer Pfeffer.

Hacken Sie Kapern, Gewürzgurke und Oliven recht klein, und rühren Sie sie zusammen mit den Zwiebeln und der Petersilie unter die Mayonnaise. Schmecken Sie mit Zitronensaft und Pfeffer ab, und stellen Sie die fertige Tatarensoße bis zum Gebrauch in den Kühlschrank.

Wenn Sie sich die Arbeit sparen wollen, so können Sie fertige Tatarensoße im Glas kaufen. Aber – selbstgemacht schmeckt feiner!

Tomaten-Mayonnaise-Soße

1 kleine Dose Tomatenmark, 1 Tasse Mayonnaise, 1 Teelöffel Zitronensaft, Salz, Pfeffer, 1 Prise Zucker.

Verrühren Sie das Tomatenmark mit der Mayonnaise. Würzen Sie mit Zitronensaft, Salz und frisch gemahlenem Pfeffer. Zuletzt runden Sie den Geschmack mit einer Prise Zucker ab und stellen die Soße anschließend bis zum Servieren in den Kühlschrank.
Sollte die Tomatensoße zu dickcremig geworden sein, rühren Sie einfach einen Schuß Sahne oder Dosenmilch unter.

Möhrensalat

250 g Möhren (gelbe Rüben), 1 Eßlöffel Zitronensaft, 1 Eßlöffel Sahne, Salz, Zucker.

Putzen Sie die Möhren, und raspeln Sie sie anschließend auf der Rohkostreibe. Beträufeln Sie die Möhren mit Zitronensaft, und heben Sie die Sahne unter. Schmecken Sie den Salat mit Salz und wenig Zucker ab und bringen Sie ihn sogleich zu Tisch.

Ungarischer Sauerkrautsalat

250 g Sauerkraut, 1 grüne Paprikaschote, 1 mittelgroßer Apfel, 1 Zwiebel, 150 g magerer gekochter Schinken am Stück, 5 Eßlöffel Joghurt oder Sauerrahm, Salz, 1 Messerspitze Paprikapulver, scharf.

Das Sauerkraut muß sehr trocken sein. Lassen Sie es also auf einem Sieb abtropfen. Entkernen Sie inzwischen die Paprikaschote, und schneiden Sie sie in ganz dünne Streifen. Die Zwiebel hacken Sie in kleine Würfel und raspeln den Apfel mitsamt der Schale, so daß nur das

Kerngehäuse übrigbleibt. Füllen Sie alles zusammen in eine Schüssel und geben auch den in kleine Würfel geschnittenen Schinken dazu, ebenso das abgetropfte Sauerkraut aus dem Sieb. Rühren Sie aus Joghurt oder Sauerrahm, Salz und Paprikapulver eine Marinade und gießen sie über den Inhalt der Schüssel. Dieser frischpikante Salat ist sofort servierbereit.

Pfifferlingsalat

250 g Pfifferlinge, 1/2 Salatgurke, 4 schnittfeste Tomaten, 3 Eßlöffel Öl, 3 Eßlöffel Zitronensaft oder Estragon-Essig, 3 Eßlöffel Pilzwasser, Salz, Pfeffer, 1 Sträußchen Petersilie.

Zunächst putzen und waschen Sie die Pilze. Zerteilen Sie die großen davon so, daß alle Stücke ungefähr gleich sind. Anschließend garen Sie sie in wenig leicht gesalzenem Wasser. Lassen Sie die Pilze auf einem Sieb gut abtropfen. Dabei fangen Sie das Pilzwasser in einem darunterstehenden Gefäß auf.

Stellen Sie aus Öl, Zitronensaft oder Estragon-Essig und Pilzwasser eine Marinade her, die Sie mit Salz und Pfeffer abschmecken. Wiegen Sie die Petersilie ganz fein, und geben Sie sie zu. Waschen Sie die Salatgurke, und hobeln Sie sie mit der grünen Schale in ganz dünne Scheiben. Die Tomaten schneiden Sie in Würfel und geben sie zusammen mit den Gurkenscheiben und den abgetropften Pfifferlingen in die Marinade. Gut miteinander vermischt, lassen Sie den fertigen Pfifferlingsalat gut gekühlt eine halbe Stunde ziehen, bevor Sie ihn zu Tisch reichen.

Fondue „Athen"

400 g Hammelkeule, 400 g Kalbsfilet, 1 l Öl oder 1 kg Kokosfett.

Entfernen Sie Fett, Haut- und Sehnenteile von Hammel- und Kalbfleisch. Anschließend schneiden Sie beides in Streifen oder Würfel, die Sie nach Fleischart getrennt auf Holztellern anrichten.

Inzwischen haben Sie das Öl oder Kokosfett im Fondue-topf auf dem Küchenherd erhitzt und stellen nun den Topf auf den Rechaud, dessen Flamme Sie so regulie-ren, daß das Fett während der ganzen Mahlzeit weiter-siedet.

Stellen Sie Salzstreuer und Pfeffermühle bereit. Vielen genügt das als Würze. Die meisten aber werden ihr gebratenes Stückchen Fleisch ausschließlich in eine der delikaten Soßen tauchen, über die wir noch spre-chen.

Decken Sie außerdem in kleinen Schälchen Maiskölb-chen, Tomatenpaprika, Perlzwiebeln, Oliven und Kür-bisstückchen auf. Und an Salaten reichen Sie Paprika- und Zigeunersalat. All diese Köstlichkeiten können Sie in Gläsern kaufen. Sie brauchen sie nur noch zu öffnen und in Schüsselchen umzufüllen — fertig!

Reichen Sie zum Fondue „Athen" eisgekühlten Samos. Wem dieser Süßwein nicht liegt, bekommt Weißwein nach eigener Wahl.

Remouladensoße

1 Sardellenfilet, 2 hartgekochte Eier, 1 rohes Eigelb, Salz, Pfeffer, 1 Prise Zucker, 1 Tasse Öl, 1 Teelöffel

*Senf, 1 Eßlöffel Estragon-Essig, 1 kleine Gewürzgurke,
1/2 Zwiebel, 1 Eßlöffel Kapern, 1 Eßlöffel frische, feingewiegte Kräuter.*

Zu allererst wässern Sie das Sardellenfilet mindestens
eine Stunde, wobei Sie 2—3mal das Wasser wechseln.
Der Salzgehalt würde sonst die ganze Soße verderben.
Schälen Sie die hartgekochten, erkalteten Eier, und
trennen Sie die Dotter vom Eiweiß, das Sie vorerst bei-
seitestellen. Zerdrücken Sie die Dotter ganz fein, und
verrühren Sie sie mit dem rohen Eigelb, etwas Salz,
Pfeffer und einer Prise Zucker. Geben Sie unter ständigem Rühren die Hälfte des Öls tropfenweise zu. Wenn
die Masse fest zu werden beginnt, geben Sie Senf und
Estragon-Essig zu. Anschließend rühren Sie das restliche Öl unter. Hacken Sie Gurke, Zwiebel und Kapern
in feine Würfelchen, die Sie in die Masse geben. Nun
lassen Sie die Sardelle abtropfen, schneiden sie in ganz
feine Stückchen und geben sie ebenfalls zu. Schneiden
Sie das Eiweiß in kleine Würfel, die Sie zusammen mit
den feingewiegten Kräutern auf die Oberfläche der
Remouladensoße streuen. Die Soße wird bis zum Servieren kalt gestellt. Sie ist schon der Ansehnlichkeit
wegen zu „baldigem" Verbrauch bestimmt. Sie sollte
deshalb erst kurz vor dem Mahl zubereitet werden.

Sardellensoße

*1 Tasse Mayonnaise, 1 Teelöffel Sardellenpaste aus der
Tube, 1 hartgekochtes Ei, 1 Eßlöffel gewiegte Petersilie.*

Foto: oben: Fondue Fribourgeoise   Rezept Seite 30
       links: Fisch-Fondue Chinoise Rezept Seite 144 ▶
      rechts: Fondue „Mexico"   Rezept Seite 56

Verrühren Sie die Mayonnaise mit der Sardellenpaste, so daß alles gut miteinander vermischt ist. Hacken Sie das Ei in kleine Würfel, die Sie mit der feingewiegten Petersilie vermischen und auf die Oberfläche der Sardellensoße streuen.

Champignonsoße

1 Eßlöffel Butter, ½ Zwiebel, 250 g Champignons, Salz, Pfeffer, 1 Eßlöffel Zitronensaft, 1 Eigelb, ¼ l Sahne.

Zunächst waschen und putzen Sie die Champignons und hacken sie in kleine Würfelchen. Dann schneiden Sie die halbe Zwiebel in feine Würfel.
Zerlassen Sie die Butter in einer Kasserolle und rösten die gehackte Zwiebel darin glasig. Geben Sie die kleingeschnittenen Champignons zusammen mit einer halben Tasse Wasser zu. Im geschlossenen Topf lassen Sie die Pilze ungefähr 10 Minuten dünsten. Schmecken Sie mit Salz, Pfeffer und Zitronensaft ab.
Während die Pilze dünsten, verquirlen Sie die Sahne mit dem Eigelb. Nun nehmen Sie die Kasserolle vom Feuer und schlagen die Sahne-Ei-Mischung unter.
Die Champignonsoße kommt heiß auf den Tisch, darf aber nicht mehr kochen.

Knoblauchbuttersoße

1 eigroßes Stück Butter, 1 Eßlöffel Mehl, ³⁄₈ l Wasser, 2 Knoblauchzehen, Salz, weißer Pfeffer, ½ Tasse Sahne, 2 Eigelb, 75 g Butter.

Zerlassen Sie das eigroße Stück Butter in einer Kasserolle, und rösten Sie das Mehl goldgelb darin an. Löschen Sie mit Wasser ab. Drücken Sie die Knoblauchzehen durch eine Knoblauchpresse, und rühren Sie den Saft unter. Anschließend würzen Sie mit Salz und weißem Pfeffer. Die Masse muß unter weiterem Rühren 5 Minuten kochen. Verquirlen Sie die Eigelbe in der Sahne, und rühren Sie die Mischung unter die Soße, nachdem Sie den Topf vom Feuer genommen haben. Jetzt geben Sie das zweite Stück Butter zu. Schlagen Sie es, während es schmilzt, kräftig unter die Soße, die Sie dann sofort servieren können.

Stellen Sie sie bei Tisch warm, aber bitte so, daß die Knoblauchbuttersoße auf keinen Fall mehr zum Kochen kommt, sie würde sonst gerinnen.

Fondue „Mexico"

1 kg Rinderfilet, ³/₈ l Rotwein, 1 Knoblauchzehe, 1 gestrichener Teelöffel Chilipfeffer, Salz, 1 l Öl oder 1 kg Kokosfett.

Kaufen Sie nur gut abgehangenes Filet. Von der Qualität des Fleisches hängt nämlich das gute Gelingen Ihrer Fondue-Party ab.

Entfernen Sie alle Haut- und Sehnenteile, und schneiden Sie das Fleisch in mundgerechte Streifen oder kleine Würfel.

Verrühren Sie die Knoblauchzehe, die Sie durch die Knoblauchpresse gedrückt haben, zusammen mit Chilipfeffer und Salz im Rotwein. Bepinseln Sie mit dieser Mischung die einzelnen Fleischstücke. Schichten Sie sie dicht in eine hohe Schüssel, und gießen Sie den Rest der Marinade darüber. Die Würze soll tief in die Fleischbrocken ziehen und deshalb ungefähr einen halben Tag einwirken. Haben Sie Ihre Gäste beispielsweise zu einer abendlichen Fondue-Party eingeladen, so bereiten Sie das Filet schon Mittag vor. Auch wenn das Fleisch über Nacht in der Marinade verbleibt, schadet das nicht.

Eine halbe Stunde, bevor Ihre Gäste kommen, erhitzen Sie das Öl oder Kokosfett. Während es heiß wird, geben Sie die Fleischstücke zum Abtropfen auf ein Sieb und tupfen sie anschließend gut mit Küchenkrepp ab. Die Filetwürfel oder -streifen schichten Sie auf einen Holzteller, den Sie erreichbar für jeden Fondue-Gast auf den Tisch stellen. In die Tischmitte kommt der Rechaud und darauf der Fonduetopf mit dem siedenden Fett.

Reichen Sie Sangrita und Tequila als Getränke. Gäste, denen das zu sehr à la Mexiko ist, bekommen einen feurigen Rotwein kredenzt.

Die Soßen und Salate, die Sie nach den folgenden Rezepten zubereiten, haben es allerdings in sich. Bei Liebhabern der südamerikanischen Würzart werden Sie einen „atemberaubenden" Erfolg erzielen:

Sauce Tampico

1 Eßlöffel Öl, 1 kleine Zwiebel, 2 Tomaten, die Hälfte einer kleinen, grünen Paprikaschote, 1½ Tassen Fleisch- oder Würfelbrühe, etwas Stärkemehl, 1—2 Eßlöffel Chilisoße, Salz, 1 Teelöffel Zitronensaft.

Erhitzen Sie das Öl und dünsten darin die Zwiebel an, die Sie zuvor in kleine Würfel gehackt haben. Überbrühen Sie die Tomaten, ziehen Sie ihnen die Haut ab, und geben Sie sie kleingeschnitten zu den Zwiebeln. Hacken Sie die halbe, entkernte Paprikaschote in sehr kleine Stückchen, die Sie ebenfalls zugeben. Lassen Sie alles zusammen ungefähr 5 Minuten dünsten, dann löschen Sie mit der Fleisch- oder Würfelbrühe ab. Wenn nötig, binden Sie die Soße mit etwas in kaltem Wasser angerührtem Stärkemehl. Würzen Sie mit Chilisoße und Salz und runden sodann den Geschmack der Sauce Tampico mit etwas Zitronensaft ab.

Während der Mahlzeit stellen Sie die Soße auf ein Stövchen, damit sie schön heiß bleibt. Zum Kochen soll sie allerdings nicht kommen, damit sich keine Kruste auf dem Topfboden bilden kann.

Mexikanische Tomatensoße

4 Tomaten, 1 grüne Paprikaschote, 1 kleine Pfefferschote (Peperoni), 2 mittelgroße Zwiebeln, 4 Eßlöffel Öl, 2 Eßlöffel Zitronensaft, Salz, Chilipfeffer, 1 Bund Petersilie.

Überbrühen Sie die Tomaten, ziehen Sie ihnen die Haut ab, und schneiden Sie sie in grobe Stücke. Verfahren Sie mit der Paprika- und der Pfefferschote ebenso, nachdem Sie jeweils die Kerne entfernt haben. Dann schälen und vierteln Sie die Zwiebeln. Geben Sie diese Zutaten zusammen in den Mixer, und pürieren Sie sie fein. Anschließend gießen Sie die Masse in eine Schüssel und rühren Öl und Zitronensaft unter. Würzen Sie mit Salz und reichlich Chilipfeffer. Die Soße soll richtig scharf werden. Zuletzt wiegen Sie die Petersilie, bevor Sie sie unter die Mexikanische Tomatensoße rühren. Dann stellen Sie sie bis zum Servieren kühl.

Sangrita-Feuer

1/2 Becher Joghurt, 4 Eßlöffel Sangrita, 1 Messerspitze Chilipulver, 2 Spritzer Teufelssoße.

Füllen Sie den Joghurt in eine kleine Schüssel, und rühren Sie ihn mit dem Schneebesen schaumig. Geben Sie Sangrita, Chilipulver und Teufelssoße zu, und rühren Sie gut durch. Anschließend stellen Sie die Soße für eine halbe Stunde in den Kühlschrank, damit sich ihre Eigenart im Geschmack voll entwickeln kann. Servieren Sie Sangrita-Feuer eiskalt — es zündet um so mehr im Mund.

Bohnen-Paprika-Salat

1 kleine Dose Bohnen, 1 rote Paprikaschote, 1 mittel-große Zwiebel, 2 Eßlöffel Öl, 3 Eßlöffel Kräuteressig, Salz, Pfeffer, 1 Prise Zucker.

Rühren Sie aus Öl, Kräuteressig, Salz, Pfeffer und einer Prise Zucker eine Marinade, in die Sie die gut abge-tropften Bohnen geben. Entfernen Sie die Kerne aus der Paprikaschote, und schneiden Sie sie in schmale Strei-fen. Nun hacken Sie die Zwiebel in kleine Würfel und geben alles zusammen in die Marinade. Der Bohnen-

Paprika-Salat muß ungefähr eine halbe Stunde ziehen, bevor Sie ihn servieren können.

Mexikanischer Salat

1 Dose Gemüsemais, 3 Tomaten, 2 grüne Paprikaschoten, 2 Eßlöffel Chilisoße, 1 Eßlöffel Sahne oder Dosenmilch, 1 Messerspitze Cayennepfeffer, Salz.

Rühren Sie Chilisoße, Sahne oder Dosenmilch, Cayennepfeffer und Salz zu einer scharfen Marinade. Lassen Sie den Gemüsemais gut abtropfen, hacken Sie die Tomaten in Würfel, entfernen Sie die Kerne aus den Paprikaschoten, und schneiden Sie das Fruchtfleisch in schmale Streifen.
Geben Sie alles zusammen in die Marinade, vermischen Sie es gründlich, und lassen Sie den Mexikanischen Salat eine halbe Stunde ziehen, bevor Sie ihn Ihren Gästen reichen.

Hammel-Fondue

1 kg Hammelfleisch aus der Keule, 1 Knoblauchzehe, 1—2 Eßlöffel Weißwein, 1 l Öl oder 1 kg Kokosfett.

Entfernen Sie alle Haut-, Fett- und Sehnenteile von dem Fleisch, und schneiden Sie es sodann in Streifen. Zerquetschen Sie die Knoblauchzehe in der Knoblauchpresse, und vermischen Sie den Saft mit dem Weißwein. Bepinseln Sie die Fleischstreifen mit dieser Marinade.

Legen Sie sie in eine Schüssel, und lassen Sie sie zwei Stunden zugedeckt ziehen. Stellen Sie das Fleisch zwar kühl, aber nach Möglichkeit nicht in den Kühlschrank — der Knoblauchgeruch ist nur sehr schwer wieder herauszubekommen.

Während Sie das Öl oder Kokosfett in Ihrem Fonduetopf erhitzen, tupfen Sie das Fleisch mit Küchenkrepp trocken. Anschließend schichten Sie die Streifen auf ein Holzbrett oder Sie verteilen sie gleich auf die Teller Ihrer Gäste. Decken Sie den Tisch entsprechend, und vergessen Sie Salzstreuer und Pfeffermühle nicht. Auch ein Körbchen mit Weißbrotscheiben sollte nicht fehlen. Reichen Sie Bier oder roten Landwein, und ergänzen Sie das Hammel-Fondue mit den nachstehenden Soßen und Salaten:

Auberginensoße

1 große Aubergine, 2 Tomaten, 100 g grüne Bohnen, 2 Möhren, 100 g grüne, junge Erbsen, Salz, Pfeffer, 1/2 Tasse Sonnenblumenöl, 1 Teelöffel Oregano, 1 gestrichener Teelöffel Knoblauchgranulat, gemahlene Chilis.

Überbrühen Sie die Aubergine und die Tomaten, um ihnen anschließend die Haut abzuziehen. In Würfel geschnitten, füllen Sie beides in einen Topf. Er muß groß genug sein, daß Sie alle oben genannten Gemüse darin schmoren können. Waschen Sie die Bohnen, und entfernen Sie — falls nötig — die Fäden. Dann brechen Sie sie in Stücke, die Sie auch in den Topf geben. Nun putzen Sie die Möhren, schneiden sie in Scheiben und hülsen zuletzt die Erbsen aus. Möhrenscheiben und Erbsen kommen zu den anderen Zutaten. Jetzt gießen Sie noch so viel Wasser an, daß ein Anbrennen verhindert wird, würzen Sie mit Salz und Pfeffer und lassen alles zugedeckt schmoren, bis das Gemüse weich ist. Ausgekühlt, füllen Sie das Gemüse in Ihren Mixer und pürieren es. Anschließend geben Sie die Masse in eine Schüssel und rühren eine halbe Tasse Sonnenblumenöl unter. Zum Schluß schmecken Sie die Soße mit Salz, Oregano, Knoblauchgranulat und gemahlenem Chilis ab.

Diese Auberginensoße können Sie sowohl kalt als auch heiß reichen.

Curry-Mandel-Soße

1/2 Zwiebel, 2 Teelöffel Currypulver, 1 Eßlöffel gehackte Mandeln, 1 Eßlöffel Sojasoße, 2 Eßlöffel Mango-Chutney, 2 Eßlöffel Sahne, 1 Tasse Mayonnaise.

Sie hacken die Zwiebel in sehr feine Würfel und vermischen sie mit Currypulver, gehackten Mandeln, Sojasoße, dem Mango-Chutney und der Sahne. Anschließend rühren Sie die Mayonnaise unter das Gemisch und stellen die fertige Curry-Mandel-Soße bis zum Servieren kühl.

Roquefortsoße

100 g Roquefort-Käse, 1/2 Becher Joghurt, 3 Eßlöffel Mayonnaise, 1/2 Zwiebel, 1 Messerspitze Knoblauchpulver, Pfeffer.

Zerdrücken Sie den Käse mit einer Gabel, und rühren Sie ihn mit Joghurt und Mayonnaise glatt. Sollte die Masse zu dick sein, geben Sie etwas Milch zu. Nun hacken Sie die kleine Zwiebelhälfte in ganz feine Würfel oder — noch besser — Sie reiben sie. Anschließend rühren Sie sie unter die Käsesoße und runden sie zuletzt mit Knoblauchpulver und — nach Geschmack — mit einer Prise Pfeffer ab.

Maissalat

1 Dose Gemüsemais (ca. 340 g), 1 Eßlöffel Mayonnaise, 3 Stengel krause Petersilie.

Wiegen Sie die Petersilie ganz fein, und rühren Sie sie unter die Mayonnaise. Lassen Sie den Mais auf einem Sieb abtropfen, und heben Sie anschließend die Körner unter die Petersilien-Mayonnaise.

Die Zubereitung des Maissalates dauert nur wenige Minuten. Es macht also überhaupt keine Mühe, diesen schmackhaften Salat servieren zu können.

Grüner Bohnensalat

1 große Dose junge Brechbohnen, 1 große Zwiebel, 3 Eßlöffel Öl, 2 Eßlöffel Weinessig, Salz, Pfeffer.

Schütten Sie die Bohnen aus der Dose auf ein Sieb, und lassen Sie sie gut abtropfen.

Verrühren Sie Öl und Weinessig mit Salz und Pfeffer zu einer Marinade. Hacken Sie die Zwiebel in feine Würfel, die Sie — zusammen mit den Bohnen — in die Marinade geben. Heben Sie alles gut unter, und lassen Sie den fertigen Bohnensalat 30 Minuten ziehen, bevor Sie ihn zu Tisch reichen.

Fondue „Fiesta"

1 kg Rinderlende, 3 mittelgroße Zwiebeln, 1 l Öl oder Kokosfett.

Befreien Sie das Fleisch von allen Haut- und Sehnenteilen. Anschließend schneiden Sie die Lende in ungefähr 2 cm große Würfel. Richten Sie sie auf einem Holzbrett oder in Portionsschälchen an. Beim Fondue ist erlaubt, was sonst unter allen Umständen vermieden werden muß: Sie dürfen jedem Teilnehmer Ihrer Tafelrunde seine Portion „zuweisen". Schneiden Sie die geschälten Zwiebeln in Ringe, die Sie in einer Schüssel anrichten: Frisch in Öl gebacken schmecken sie besonders delikat.

Stellen Sie Ihren Fonduetopf mit dem zuvor erhitzten Öl oder Kokosfett auf den Rechaud in die Tischmitte. Regulieren Sie die Spiritusflamme so, daß das Fett während der ganzen Mahlzeit weitersiedet.

Decken Sie schwarze und grüne Oliven, kleine Maiskölbchen und Pfeffergürkchen, beides gut abgetropft, auf. Frisches Obst, zum Beispiel Weintrauben, geeiste Melonenstücke und Orangenschnitzel gehören, in Schalen angerichtet, ebenfalls auf den Tisch. Frische Datteln und Feigen sind eine reizvolle, aber nicht immer erhältliche Abwechslung. Doch in der Zusammenstellung sind Ihrer Phantasie keinerlei Grenzen gesetzt. Alles paßt, was die südländische Atmosphäre fördert. Nehmen Sie, was der Markt Ihnen gerade bietet.

Zu trinken gibt es Tequila, Sangrita und natürlich feurigen, spanischen Rotwein.

An Soßen sind besonders geeignet:

Zwiebel-Knoblauch-Soße

1 große Zwiebel, 2 Knoblauchzehen, 1/8 l Sauerrahm, 1/8 l Sahne, Salz, Pfeffer.

Schälen Sie die Zwiebel und die Knoblauchzehen. Dann hacken Sie die Zwiebel in grobe Würfel, die Sie zusammen mit den Knoblauchzehen in Ihren Mixer füllen und pürieren. Anschließend gießen Sie Sauerrahm und Sahne zu. Lassen Sie den Motor Ihrer Küchenmaschine noch weitere zwei Minuten laufen. Die entstandene cremige Masse füllen Sie in eine Schüssel um. Schmecken Sie mit Salz und Pfeffer ab. Anschließend stellen Sie die fertige Zwiebel-Knoblauch-Soße bis zum Servieren kühl, aber bitte nicht in den Kühlschrank: Der Geruch ist nur sehr schwer wieder herauszubekommen.

Meerrettichsoße

1/2 Tasse geriebener Meerrettich, 1/2 Apfel, Salz, Pfeffer, 1 Prise Zucker, 1/8 l Sahne.

Schlagen Sie die Sahne, bis sie fast steif ist. Dann heben Sie Meerrettich und den Apfel, den Sie zuvor fein gerieben haben, unter. Würzen Sie mit Salz, Pfeffer und einer Prise Zucker — und schon ist die Soße tischfertig.

Chilisoße

1 Tasse Mayonnaise, 1 Eßlöffel Sauerrahm, 2 Teelöffel konzentrierte, fertig gekaufte Chilisoße, 1 Messerspitze Chilipulver.

Verrühren Sie die Mayonnaise mit dem Sauerrahm, der Chilisoße und dem Chilipulver. Anschließend stellen Sie die Soße für ein bis zwei Stunden in den Kühlschrank. Sie braucht diese Ruheperiode, damit sich ihre Eigenart voll entfalten kann — scharf und würzig zugleich. Vor dem Servieren rühren Sie noch einmal kurz durch, und Ihre Soße ist fertig.

Chinakohlsalat

1 kleine Staude Chinakohl, 1 Apfel mittlerer Größe, 2 Eßlöffel geriebene Haselnüsse, $1/2$ Becher Joghurt, 1 Eßlöffel Mayonnaise, 1 Eßlöffel Milch, 1 Teelöffel Zitronensaft.

Putzen Sie den Chinakohl. Anschließend schneiden Sie ihn in feine Streifen. Den Apfel — er sollte nach Möglichkeit etwas säuerlich sein — raspeln Sie mitsamt der Schale, aber ohne Kernhaus, auf Ihrer Rohkostreibe.

Verrühren Sie den Joghurt mit der Milch, Mayonnaise und dem Zitronensaft. Vermischen Sie den Chinakohl mit dem geraspelten Apfel und den Haselnüssen. Heben Sie die Joghurtsoße unter und lassen Sie den fertigen Salat eine halbe Stunde ziehen, bevor Sie ihn servieren.

Salat „Südlicher Sommer"

1 kleiner Kopf Endiviensalat, 1 säuerlicher Apfel, 1 Orange, 3 Tomaten, 1 grüne Paprikaschote, 1 Eßlöffel Kräutermayonnaise, 2 Eßlöffel Sauerrahm, 1 Eßlöffel Estragon-Essig, Salz, weißer Pfeffer, 1 Prise Zucker.

Schneiden Sie den geputzten und gewaschenen Endiviensalat in feine Streifen. Schälen Sie den Apfel, und schneiden Sie ihn in kleine Würfel. Schälen Sie die Orange, und entfernen Sie sorgfältig die weiße Haut. Anschließend schneiden Sie die Frucht in Stückchen. Überbrühen Sie die Tomaten, und ziehen Sie ihnen die Haut ab, bevor Sie sie achteln. Entfernen Sie die Kerne aus der Paprikaschote, und schneiden Sie sie in schmale Streifen. Füllen Sie all diese Zutaten in eine Schüssel.

Rühren Sie aus Kräutermayonnaise, Sauerrahm und Estragon-Essig eine Soße, schmecken Sie sie mit Salz, weißem Pfeffer und einer Prise Zucker ab. Diese Soße gießen Sie über den Inhalt der Schüssel und heben alles gut durch.

Der fertige Salat kann sofort zu Tisch gebracht werden.

Mazedonisches Hirten-Fondue

500 g Hammelkeule, 500 g Kalbskeule, 1 l Öl oder 1 kg Kokosfett.

Befreien Sie das Fleisch von Fett, Haut- und Sehnenteilen. Schneiden Sie es sodann in schmale Streifen, die Sie — nach Fleischarten getrennt — auf Holzbretter oder mit Salatblättern ausgelegte Schalen häufen.
Erhitzen Sie das Öl oder Kokosfett. Sobald es siedet, können Sie zur Fonduegabel greifen.
Inzwischen richten Sie in Schälchen kleine Portionen fertig gekauften Paprikasalat, Silberzwiebeln, Gürkchen, frische weiße und blaue Weintrauben und gefüllte Oliven an. Hierbei kommt es weniger auf die einzelnen Mengen an als vielmehr auf reichhaltige Abwechslung. Selbstverständlich sind auch Salzstreuer und Pfeffermühle in greifbarer Nähe.
Ende August, Anfang September kommen in den meisten größeren Städten frische Feigen auf den Markt. Besorgen Sie sich 500—750 g davon und kochen daraus ein Kompott. Verfahren Sie bei der Zubereitung ebenso wie bei Birnen, jedoch ohne die Feigen zu zerteilen. Ausgekühlt, reichen Sie das Feigenkompott als delikate, süße Zugabe zum Fondue.
Zum Eintauchen der gebratenen Fleischstücke reichen Sie an Soßen:

Kräutersoße

2 hartgekochte Eier, 3 Eßlöffel Öl, ¼ l Sauerrahm, Salz, Pfeffer, 2 Tassen frische, gewiegte Kräuter, z. B. Petersilie, Schnittlauch, Dill, Estragon, Kresse, Kerbel.

Zerdrücken Sie die Eigelb gründlich mit einer Gabel, und rühren Sie sie mit Öl glatt. Dann geben Sie den Sauerrahm zu und schmecken mit Salz und Pfeffer ab. Zuletzt rühren Sie die sehr fein gewiegten, frischen Kräuter unter.

Chili-Sherry-Soße

1 Eßlöffel Sauerrahm, 1 Eßlöffel Sahne, 1 Tasse Mayonnaise, 2 Teelöffel fertig gekaufte, konzentrierte Chilisoße, 1 Messerspitze Chilipulver, 2 Teelöffel Sherry, dry.

Verrühren Sie Sauerrahm, Sahne und Mayonnaise mit der Chilisoße und dem Chilipulver. Lassen Sie die Soße ein bis zwei Stunden im Kühlschrank, sie wird dann ihren scharfen und würzigen Geschmack voll entfalten. Bevor Sie die Soße servieren, geben Sie den Sherry zu und rühren noch einmal kurz durch.

Gebackene Bohnen auf mazedonische Art

500 g weiße Bohnen, 1 Teelöffel Salz, 1 Zwiebel, 250 g geräucherter, durchwachsener Speck in Scheiben, 1 Tasse Tomatenketchup, 2 Teelöffel scharfes Paprikamark fertig aus dem Glas, 1 Teelöffel Senf, Salz.

Weichen Sie die Bohnen über Nacht in soviel Wasser ein, daß sie davon reichlich bedeckt sind.
Anderntags setzen Sie dem Einweichwasser — mit den Bohnen darin — einen Teelöffel Salz zu. Dann schälen Sie die Zwiebel, schneiden sie in Ringe und geben sie

in den Topf zu den Bohnen. Lassen Sie das Ganze auf kleiner Flamme eine Stunde lang gar kochen. Anschließend schütten Sie die Bohnen auf ein Sieb, unter das Sie zum Auffangen der Kochbrühe ein Gefäß gestellt haben.

Legen Sie eine feuerfeste Form mit der Hälfte der Speckscheiben aus. Füllen Sie die abgetropften Bohnen, in denen die Zwiebelringe verbleiben, darauf.

Verrühren Sie $3/8$ l der aufgefangenen Kochbrühe mit Tomatenketchup, Paprikamark und Senf. Würzen Sie — falls nötig — mit etwas Salz. Gießen Sie die Soße über die Bohnen, und decken Sie die verbliebenen Speckscheiben darüber.

Schließen Sie die Form, und schieben Sie sie ins Backrohr. Lassen Sie die Bohnen bei 200⁰ C ungefähr 45—55 Minuten backen.

Stellen Sie die Form bei Tisch auf eine Wärmeplatte, damit die gebackenen Bohnen in kleinen Portionen entnommen werden können und das Gericht während des Fondue-Essens heiß bleibt. Außerdem sollten Sie ein Körbchen mit geschnittenem Weiß- oder Bauernbrot dazustellen.

Schweine-Fondue „Singapore"

800 g Schweinefilet oder -lende, Saft einer Orange, 1 l Öl oder 1 kg Kokosfett.

Entfernen Sie alle Haut-, Fett- und Sehnenteile von Filet oder Lende. Schneiden Sie das Fleisch in schmale

Foto: Fondue Bourguignonne   Rezept Seite 43   ▶

Streifen oder 2 cm große Würfel, die Sie mit dem Orangensaft beträufeln. Lassen Sie das Fleisch in einer Schüssel zugedeckt im Kühlschrank mindestens zwei Stunden ziehen.

Während Sie das Öl oder Kokosfett erhitzen, tupfen Sie die Fleischwürfel oder -streifen mit Küchenkrepp gut ab: Tauchen Sie feuchte Fleischstücke in siedendes Fett, so spritzt es.

Auf die Gabel gespießt, taucht jeder sein Fleisch in das siedende Fett und läßt es, seinem persönlichen Geschmack nach, mehr oder weniger durchbraten. Dann wird das Fleisch mit Salz und frisch gemahlenem Pfeffer bestreut. Stellen Sie also Salzstreuer und Pfeffermühle bereit. Anschließend stippt man es in eine der delikaten Soßen. Dazu ißt man die herrlich frischen Salate, die Sie bereitet haben. An Getränken reichen Sie Ihren Gästen, wovon Sie wissen, daß sie sie ganz besonders lieben.

Eiersoße

3 hartgekochte Eier, 4 Eßlöffel Öl, 1 Eßlöffel Sahne oder Dosenmilch, 1 Messerspitze scharfer Senf, Salz, Pfeffer, Paprikapulver, edelsüß.

Zunächst trennen Sie die Eidotter vom Eiweiß. Zerdrücken Sie die Dotter, und rühren Sie sie mit Öl, Sahne oder Dosenmilch zu einer glatten Masse. Dazu geben Sie den Senf und schmecken mit Salz, Pfeffer und etwas edelsüßem Paprikapulver ab.

Schneiden Sie das Eiweiß von einem Ei in kleine Würfel, die Sie über die tischfertige Soße streuen.

Bananen-Curry-Soße

2 reife Bananen, 3 Eßlöffel Sahne, 1 Teelöffel Curry-
pulver, ein paar Tropfen Zitronensaft.

Zerdrücken Sie die Bananen mit der Gabel, nachdem
Sie sie geschält haben. Beträufeln Sie den Fruchtbrei
sofort mit Zitronensaft, damit er nicht unansehnlich
wird, und rühren Sie anschließend die Sahne unter.
Geben Sie das Currypulver zu, das Sie ebenfalls gründlich einarbeiten. Stellen Sie die fertige Soße bis zum
Servieren in den Kühlschrank.

Erdnußsoße

½ Tasse Erdnußbutter, ½ Tasse Sahne, Salz.

Rühren Sie die Erdnußbutter mit der Sahne zu einer
glatten Creme. Sollte die Masse noch ˌzu dick sein,
geben Sie etwas Sahne oder Milch zu. Anschließend
schmecken Sie die Erdnußsoße mit Salz ab, bevor Sie
sie servieren.

Mais-Erbsen-Salat

1 Dose Gemüsemais, eine kleine Dose Erbsen, extra
fein, 2 Eßlöffel Mayonnaise, 1–2 Teelöffel Tomaten-
ketchup, ein Stäubchen weißer Pfeffer.

Verrühren Sie die Mayonnaise mit dem Tomatenketchup, lassen Sie den Mais und die Erbsen auf einem

Sieb gut abtropfen. Heben Sie dann beides unter die Ketchup-Mayonnaise und schmecken Sie mit Pfeffer ab. Diesen schmackhaften Salat können Sie schnell und mühelos zubereiten.

Fenchelsalat

2 Fenchelknollen, 1 mittelgroßer Apfel, 1 kleine Handvoll Rosinen, 1 Eßlöffel Kräutermayonnaise, 2 Eßlöffel Sauerrahm, 1 Prise Zucker.

Weichen Sie zunächst die Rosinen in etwas lauwarmem Wasser ein. Dann entfernen Sie die äußeren Blätter der Fenchelknollen, soweit das nötig ist, und schneiden die Knollen in dünne Streifen. Sie schälen den Apfel und raspeln ihn auf Ihrer Rohkostreibe, nachdem Sie das Kerngehäuse entfernt haben. Nun verrühren Sie die Mayonnaise mit dem Sauerrahm und schmecken mit etwas Zucker ab. In diese Creme mischen Sie nun Fenchelschnipsel und Apfelraspeln. Zuletzt lassen Sie die Rosinen abtropfen und streuen sie über den fertigen Salat.

Steinpilzsalat

500 g Steinpilze, 3 schnittfeste Tomaten, 150 g magerer, gekochter Schinken am Stück, 3 Eßlöffel Joghurt oder Sauerrahm, 4 Eßlöffel Öl, 2 Eßlöffel Zitronensaft oder Estragon-Essig, 1/2 Zwiebel, Salz, Pfeffer, Zucker, 2 Stengel Petersilie.

Putzen Sie die Pilze sehr sorgfältig. Gewaschen und in Stücke geschnitten, lassen Sie sie in ganz wenig Salzwasser garen. Anschließend kommen die Pilzstücke auf ein Sieb zum Abtropfen. Sie können natürlich auch eine Steinpilzkonserve verwenden. Dann schütten Sie die Pilze aus der Dose direkt auf ein Sieb zum Abtropfen. Inzwischen stellen Sie aus Joghurt oder Sauerrahm, Öl, Zitronensaft oder Estragon-Essig, der ganz fein gehackten halben Zwiebel, Salz, Pfeffer und einer Prise Zucker eine Marinade her. Zuletzt rühren Sie die feingewiegte Petersilie unter.

Schneiden Sie nun Tomaten und Schinken in Würfel, die Sie zusammen mit den abgetropften Steinpilzen in die Marinade geben.

Gut untergehoben, muß der Salat an einem kühlen Ort ungefähr eine halbe Stunde durchziehen, bevor Sie ihn servieren können.

Serbisches Hammel-Fondue

1 kg Hammelkeule, 1 l Öl oder 1 kg Kokosfett.

Während Sie das Öl oder Kokosfett in Ihrem metallenen Fonduetopf erhitzen, schneiden Sie die Hammelkeule in mundgerechte Würfel, nachdem Sie zuvor alle Fett-, Haut- und Sehnenteile entfernt haben. Die Würfel schichten Sie auf ein Holzbrett. Sie können sie auch auf vier Schalen gleichmäßig verteilen, so daß jeder seine Portion neben seinem Teller stehen hat: Bei Fondues ist individuelles Portionieren erlaubt. Der Fonduetopf mit dem siedenden Fett steht auf dem Rechaud in der

Mitte des Tisches. Jeder spießt Fleischwürfel auf seine Fonduegabel und läßt sie daran im siedenden Fett brutzeln. Anschließend verspeist man sie mit Salz und Pfeffer bestreut oder in eine der nachstehenden Soßen getaucht.

Knoblauch-Eier-Soße

2 Knoblauchzehen, 3 Dotter von hartgekochten Eiern, 2 Eßlöffel Öl, 1 Becher Joghurt, Streuwürze (z. B. Fondor), Salz.

Drücken Sie die Knoblauchzehen durch die Knoblauchpresse, und verrühren Sie den Saft mit den zerriebenen Eidottern und dem Öl. Geben Sie den Joghurt zu, und schmecken Sie die Knoblauchsoße zuletzt mit Streuwürze und Salz ab.

Kräuterbuttersoße

1 eigroßes Stück Butter, 1 Eßlöffel Mehl, $^3/_8$ l Wasser, Salz, weißer Pfeffer, 2 Eigelb, $^1/_2$ Tasse Sahne, 75 g Kräuterbutter, 1 Teelöffel Zitronensaft.

Lassen Sie die Butter in einem Stieltopf zergehen, und rösten Sie darin das Mehl hellgelb an. Löschen Sie mit Wasser ab, und anschließend lassen Sie die Masse 5 Minuten unter Umrühren leise durchkochen. Nehmen Sie den Topf vom Feuer, und rühren Sie die Eigelb

77

unter, die Sie zuvor mit der Sahne verquirlt haben. Nun kommt die Kräuterbutter hinzu. Schlagen Sie die Soße gut durch, während die Butter zergeht. Verfeinern Sie mit einigen Tropfen Zitronensaft.

Veränderung: An Stelle der Kräuterbutter verwenden Sie frische Butter und rühren zuletzt $1/2$ Tasse gemischte grüne Kräuter unter, die Sie fein gewiegt haben. Dazu eignen sich vor allem Kerbel, Dill, Borretsch, Salbei, Kresse, Estragon und Petersilie.

Paprikamayonnaise

3 Eßlöffel Mayonnaise, 1 Teelöffel Senf, 1 Eßlöffel Estragon-Essig, 2 Eßlöffel Sahne, Salz, Pfeffer, die Hälfte einer kleinen, grünen Paprikaschote, 2—3 Tropfen Tabasco.

Rühren Sie die Mayonnaise mit Senf, Estragon-Essig und Sahne zu einer glatten Masse, die Sie mit wenig Salz und Pfeffer abschmecken. Hacken Sie die entkernte Paprikaschote in ganz kleine Würfelchen, und arbeiten Sie sie in die Masse ein. Runden Sie den Geschmack mit zwei bis drei Tropfen Tabascosoße ab.

Apfel-Meerrettich-Mayonnaise

100 g Mayonnaise, 1 Teelöffel Kräutersenf, 1 Teelöffel Estragon-Essig, 2 Eßlöffel feingeriebener Meerrettich, 1 großer, saurer Apfel.

Verrühren Sie Kräutersenf, Estragon-Essig und den fein-
geriebenen Meerrettich gut mit der Mayonnaise. Schälen Sie den Apfel, und reiben Sie ihn anschließend auf
Ihrer Rohkostreibe, so daß nur noch das Kernhaus
übrigbleibt. Heben Sie den geriebenen Apfel unter die
Mayonnaise, und stellen Sie sie bis zum Gebrauch in
den Kühlschrank.

Selleriehäppchen

*2 Stangen Bleichsellerie, 2 Karree Doppelrahm-Frisch-
käse, 3 Eßlöffel Sahne, 1 Eßlöffel Cognac, 1 Eßlöffel
Schnittlauchröllchen.*

Waschen Sie die Selleriestangen, und schneiden Sie sie
in mundgerechte Stücke.
Verrühren Sie den Doppelrahm-Frischkäse mit der
Sahne und verfeinern ihn mit Cognac. Geben Sie die
Creme in einen Spritzbeutel, und füllen Sie damit die
Selleriestücke. Richten Sie die Häppchen auf einer
flachen Platte an, und streuen Sie die Schnittlauch-
röllchen darüber.

Paprika-Tomaten-Salat

*4 mittelgroße Tomaten, 2 grüne Paprikaschoten, 2 Eß-
löffel Öl, 1 Eßlöffel Essig, 1 Bund Schnittlauch, 2–3
Spritzer Worcestersauce, Salz, Pfeffer.*

Sie übergießen die Tomaten mit heißem Wasser, enthäuten sie und schneiden sie anschließend in kleine

Würfel. Sie entfernen die Kerne aus den Paprikaschoten und schneiden sie in dünne Streifen.

Nun verrühren Sie Öl, Essig und Worcestersauce miteinander. Sie schneiden den Schnittlauch in Röllchen, die Sie ebenfalls zugeben. Anschließend kommen die kleingeschnittenen Tomaten und Paprikaschoten dazu. Vermischen Sie alles gut, und schmecken Sie den Salat zuletzt mit Salz und Pfeffer ab.

Gemischtes Geflügel-Fondue

4 große Putenschnitzel, 1 Packung (ungefähr 400 g) Hühnerbrüstchen aus der Tiefkühltruhe, 2 Gänsekeulen, 1 l Öl oder 1 kg Kokosfett.

Tauen Sie das Fleisch auf, das aus der Tiefkühltruhe kommt. Anschließend tupfen Sie die einzelnen Stücke mit Küchenkrepp ab. Schneiden Sie die Putenschnitzel in Streifen, ebenso die Hühnerbrüstchen. Lösen Sie die Knochen aus den Gänsekeulen aus, und schneiden Sie das Fleisch in Würfel, wobei es Ihrem Geschmack überlassen bleibt, ob Sie die Haut entfernen wollen oder nicht.

Richten Sie die einzelnen Fleischsorten getrennt auf Schalen an, die Sie mit Salatblättern ausgelegt haben. Erhitzen Sie das Öl oder Kokosfett in Ihrem Fonduetopf. Dafür stellen Sie ihn am zweckmäßigsten auf Ihren Küchenherd, so geht es wesentlich schneller. Anschließend kommt der Topf auf den Rechaud, der in der Tischmitte steht. Der Spiritusbrenner muß dabei so reguliert sein, daß das Fett während der ganzen Mahlzeit weitersiedet.

Reichen Sie einen herben, weißen Landwein zum Gemischtem Geflügel-Fondue.

An Soßen und Salat schlage ich vor:

Kaviarsoße

3 Eigelb, 1 Eßlöffel Butter, 1 Eßlöffel Zitronensaft, 1/8 l Fleisch- oder Würfelbrühe, 2 Eßlöffel Kaviar.

Schlagen Sie Eigelb, Butter und Zitronensaft mit dem Schneebesen auf kleiner Flamme, bis eine dicke Masse entstanden ist. Sie darf auf keinen Fall zum Kochen kommen, sonst würde sie gerinnen. Rühren Sie die Fleisch- oder Würfelbrühe dazu, und lassen Sie die nunmehr fertig zubereitete Grundsoße abkühlen. Anschließend stellen Sie sie bis zum völligen Erkalten in den Kühlschrank.

Der Kaviar, bei dem es sich je nach Festlichkeit des Anlasses um russischen, roten oder auch deutschen handeln kann, wird erst kurz vor dem Servieren vorsichtig untergerührt — der Kaviar darf dabei nicht zerdrückt werden.

Kräutercremesoße

1 eigroßes Stück Butter, 1 Eßlöffel Mehl, 1/8 l Milch, Salz, weißer Pfeffer, 2 Eigelb, 1/2 Tasse Sahne, 70 g Butter, 1/2 Tasse frische, gewiegte Kräuter, z. B. Dill,

*Petersilie, Kerbel, Estragon, Kresse, Borretsch, Salbei,
1 Teelöffel Zitronensaft.*

Lassen Sie die Butter in einer Kasserolle zergehen,
und rösten Sie darin das Mehl hellgelb an. Löschen Sie
mit der Milch ab, lassen Sie dann die Masse unter Rühren 5 Minuten leise durchkochen. Ziehen Sie die
Kasserolle vom Feuer, und rühren Sie die mit der Sahne
verquirlten Eigelb unter. Nun kommen die gewiegten
Kräuter und die Butter dazu. Schlagen Sie die Soße gut
durch, während die Butter zergeht. Schmecken Sie mit
Salz, Pfeffer und ein paar Tropfen Zitronensaft ab.

Birnenpüree

*3 Williamsbirnen, 1 Teelöffel Zitronensaft, 1 Schnaps-
glas edlen Cognac, etwas Wasser, 2 Eßlöffel Sahne,
1—1¹/₂ Messerspitzen Ingwer.*

Schälen Sie die Birnen, halbieren Sie sie, und entfernen
Sie das Kernhaus. Anschließend legen Sie die Birnenhälften in einen Topf, beträufeln sie mit Zitronensaft
und dem Cognac und geben ganz wenig Wasser zu.
Dünsten Sie sie darin weich, und lassen Sie sie dann
abtropfen. Pürieren Sie die ausgekühlten Birnen in
Ihrem Mixer, geben die Sahne zu und lassen den Motor
nochmals eine Minute laufen. Kurz bevor Sie Ihren
Mixer abstellen, kommt das Ingwerpulver zu der Masse.
Füllen Sie das Birnenpüree in Portionsschälchen um,
die Sie für eine halbe Stunde in den Kühlschrank stellen, bevor Sie sie zu Tisch bringen.

Eisalat

6 Eier, 1 kleines Röhrchen Kapern, 2 Eßlöffel Kräuter-mayonnaise, Salz und Pfeffer nach Geschmack.

Kochen Sie die Eier hart, schrecken Sie sie mit kaltem Wasser ab, und lassen Sie sie anschließend auskühlen. Verrühren Sie in einer Schüssel die Kräutermayonnaise mit den Kapern. Seien Sie dabei bitte vorsichtig, damit Sie die Kapern nicht zerdrücken. Verwenden Sie soviel von dem Kapernessig, wie Sie es geschmacklich lieben. Runden Sie sodann mit Salz und frisch gemahlenem Pfeffer ab.

Pellen Sie die Eier, und hacken Sie sie in kleine Würfel, die Sie in die Schüssel geben. Vorsichtig, aber gründlich durchgemischt, ist der Eisalat sofort servierbereit.

Als besondere Überraschung reichen Sie Ihren Gästen ein Orangendessert, dessen fruchtige Süße das vorangegangene Fondue-Essen wunderbar abrundet.

Orangendessert

1 Glas Orangenmarmelade, 1 Schnapsglas Rum oder Cognac, 1 Eßlöffel Zucker, 1/4 l Sahne, Saft einer Zitrone, 25 g gehackte Haselnüsse, 25 g abgezogene, geriebene Mandeln.
Zum Garnieren: 1 Tütchen Mandelblättchen.

Verrühren Sie die Marmelade mit Rum oder Cognac, Zitronensaft, Zucker und Sahne. Anschließend geben Sie Haselnüsse und Mandeln zu. Verteilen Sie die Speise auf Portionsschälchen oder in Gläser. Garnieren Sie das Dessert mit Mandelblättchen, und stellen Sie es bis zum Servieren in den Kühlschrank.

Jäger-Fondue

1 kg Keule eines jungen Rehs, 1 l Öl oder 1 kg Kokosfett.

Das Fleisch eines jungen Rehs ist naturgemäß wunderbar zart und eignet sich daher ganz besonders für ein Fondue-Essen. Befreien Sie das Fleisch sorgfältig von Haut- und Sehnenteilen, was ziemlich viel Zeit beansprucht. Anschließend schneiden Sie es in schmale mundgerechte Streifen, die Sie in eine Schale oder – stilecht – auf ein Holzbrett schichten. Erhitzen Sie das Öl oder Kokosfett. Sobald es siedet, kann der Schmaus beginnen. Geben Sie Ihren Gästen ein gutes Beispiel – lassen Sie die Fleischstreifen gründlich gar brutzeln! Zum Jäger-Fondue passen ausgezeichnet folgende Fruchtsoßen:

Preiselbeersoße

1 Becher Joghurt, 3 Eßlöffel Preiselbeerkompott, 1 Eßlöffel geriebene Haselnüsse.

Rühren Sie den Joghurt schaumig, und arbeiten Sie anschließend das Preiselbeerkompott und die geriebenen Haselnüsse unter. Die Preiselbeersoße muß für eine Stunde in den Kühlschrank, bevor Sie sie zu Tisch bringen.

Mango-Chutney-Creme

2 Eßlöffel Mango-Chutney, 4 Eßlöffel Sauerrahm.

Mango-Chutney können Sie fertig in Gläsern kaufen. Schneiden Sie die Mangostücke ganz klein, bevor Sie das Chutney mit dem Sauerrahm schaumig rühren.

Stellen Sie die Mango-Chutney-Creme kühl, bis Sie sie zu Tisch reichen.

Cumberlandsoße

1/8 l Rotwein, 2 Schalotten, dünn abgeschälte Schale einer Orange, 1 Tasse Johannisbeergelee, Saft von 1 Orange und 1 Zitrone, 2 Eßlöffel Senf, Salz, 1 Tasse Olivenöl.

Gießen Sie den Rotwein in einen kleinen Topf. Schälen Sie die Schalotten, und hacken Sie sie in kleine Würfel. Schneiden Sie die dünn abgeschälte Orangenschale in feine Streifchen. Geben Sie beides in den Rotwein, den Sie auf Ihrem Küchenherd erhitzen. Sie lassen ihn zwei Minuten kochen, ziehen dann den Topf vom Feuer und lassen seinen Inhalt auskühlen. Anschließend rühren Sie das Johannisbeergelee, den Orangen- und Zitronensaft und den Senf unter. Schmecken Sie die Masse mit ein wenig Salz ab. Zuletzt arbeiten Sie langsam und unter weiterem Rühren das Olivenöl unter.

Die fertige Cumberlandsoße muß — um als gelungen zu gelten — pikant süß-sauer schmecken.

Waldorf-Salat

1 kleine Knolle Sellerie, 2 mittelgroße Äpfel, 1/2 Tasse grobgehackte Walnußkerne, 1 Teelöffel Zitronensaft, 2 Eßlöffel Kräutermayonnaise, 1 Eßlöffel Joghurt oder Sauerrahm, 1 Prise Zucker, ein paar Walnußkerne und Kirschen.

Waschen und schälen Sie die Sellerieknolle, bevor Sie sie auf Ihrer Rohkostreibe raspeln. Nun schälen Sie die Äpfel und schneiden sie in kleine Würfel, über die Sie — um ein Dunkelwerden zu vermeiden — etwas Zitronensaft träufeln. Verrühren Sie die Kräutermayonnaise mit dem Joghurt oder Sauerrahm und schmecken sie mit einer Prise Zucker ab. Gießen Sie die Masse über die Sellerie-Apfel-Mischung. Streuen Sie die gehackten Walnußkerne darüber und heben Sie alles gut untereinander. Mit ein paar ganzen Walnußhälften und entsteinten Kirschen garniert ist der Waldorf-Salat tischfertig.

Reissalat

2 Tassen körnig gekochter Reis, 1 kleine Dose Krabben, 1 Dose Gemüsemais, 1 hartgekochtes Ei, 3 Eßlöffel Mayonnaise, 1 Eßlöffel Sahne oder Dosenmilch, 2 Eßlöffel Orangensaft, abgeriebene Schale einer halben Orange, 1 Spritzer Tabasco, 1/2 Bund Petersilie.

Rühren Sie in einer Schüssel aus Mayonnaise, Sahne oder Dosenmilch, Orangensaft und -schale eine Salatsoße, die Sie mit einem Spritzer Tabasco verfeinern.

Spülen Sie das Krabbenfleisch mit kaltem Wasser ab, und lassen Sie es anschließend auf einem Sieb abtropfen. Gießen Sie die Flüssigkeit von den Maiskörnern ab. Pellen Sie das Ei, und hacken Sie es in kleine Würfel. Geben Sie all diese Zutaten zusammen mit dem Reis in die Schüssel, und vermischen Sie sie gut mit der Salatsoße. Kurz bevor Sie den Reissalat servieren, bestreuen Sie ihn mit der Petersilie, die Sie zuvor fein gewiegt haben.

Sauerkraut-Ananas-Salat

250 g Sauerkraut, 1 kleine Dose Ananas in Stücken, 1 Handvoll blaue Weintrauben, 1 kleiner, säuerlicher Apfel, 2 Eßlöffel Kräutermayonnaise, 1 Eßlöffel Zitronen- oder Orangensaft.

Das Sauerkraut muß sehr trocken sein. Lassen Sie es also auf einem Sieb abtropfen, ebenso die Ananasstücke. Waschen Sie die Weintrauben, und zupfen Sie die Beeren von den Stielen. Schälen Sie den Apfel, entfernen Sie das Kernhaus, und schneiden Sie ihn anschließend in kleine Würfel.

Verrühren Sie in einer Schüssel die Kräutermayonnaise mit Zitronen- oder Orangensaft. Geben Sie das abgetropfte Sauerkraut, die Ananasstücke, die Weintraubenbeeren und die Apfelwürfel hinein. Vermischen Sie alles gut miteinander, und lassen Sie den fertigen Sauerkraut-Ananas-Salat eine halbe Stunde ziehen, bevor Sie ihn Ihren Gästen servieren.

Hirsch-Fondue

1 kg Hirschfilet, ungefähr ¹/₂ Tasse guter, alter Cognac, 1 l Öl oder 1 kg Kokosfett.

Schneiden Sie das Hirschfilet tags zuvor in 2 cm breite, relativ dünne Streifen. Bepinseln Sie diese Streifen mit dem Cognac, und schichten Sie sie anschließend in eine hohe Schüssel. Lassen Sie das Fleisch zugedeckt über Nacht im Kühlschrank ziehen. Insgesamt verbleibt es dort also ungefähr 24 Stunden.

Eine halbe Stunde bevor Ihre Gäste kommen, erhitzen Sie das Öl oder Kokosfett in Ihrem Fonduetopf, der anschließend auf den Rechaud in der Tischmitte kommt. Stellen Sie die Spiritusflamme so ein, daß das Fett während der ganzen Mahlzeit weitersiedet.

Nun nehmen Sie das Fleisch aus dem Kühlschrank und tupfen die einzelnen Streifen mit Küchenkrepp ab, bevor Sie sie auf einen Holzteller schichten.

Vergessen Sie nicht, Salzstreuer und Pfeffermühle bereitzustellen. Manche Ihrer Gäste werden auch scharfen Paprika zu schätzen wissen.

Zum Hirsch-Fondue reichen Sie roten Burgunder.

Für Liebhaber köstlicher Soßen und Salate hier die entsprechende Auswahl:

Orangencreme

3 Eßlöffel feste Mayonnaise, 3 Eßlöffel Joghurt, abgeriebene Schale einer halben Orange, 3 Eßlöffel Orangensaft, 1 Spritzer Tabasco.

Schlagen Sie die Mayonnaise mit dem Joghurt schaumig. Rühren Sie die abgeriebene Schale der halben Orange und den Orangensaft unter. Runden Sie den Geschmack der Orangencreme mit einem Spritzer Tabasco ab. Anschließend stellen Sie die fertige Creme kühl, bis Sie den Tisch decken.

Beerensoße

150 g Brombeeren, 75 g Johannisbeeren, 1 Eßlöffel Orangenmarmelade, 2 Eßlöffel Rotwein, 1 Teelöffel Senf, 1 Messerspitze Ingwerpulver, 1 Messerspitze Zimt.

Rühren Sie beide Beerensorten gemeinsam durch ein Sieb und vermischen Orangenmarmelade, Rotwein und Senf mit dem Fruchtmark. Würzen Sie mit Ingwerpulver und Zimt und stellen die fertige Soße bis zum Gebrauch in den Kühlschrank. Zum Verfeinern können Sie — je nach Geschmack — 1—2 Eßlöffel guten Cognac unterrühren.

Nudelsalat

250 g Hörnchennudeln, 200 g magerer, gekochter Schinken am Stück oder gute Fleischwurst, je 1 kleine Packung junge Erbsen und Möhren aus der Tiefkühltruhe, 4 Eßlöffel Mayonnaise, 1 Eßlöffel Estragon-Essig, Salz, Pfeffer, Zucker, 1/2 Bund Schnittlauch, 1/2 Bund Petersilie.

Zunächst kochen Sie die Nudeln nach Vorschrift in Salzwasser bißfest, schrecken sie ab, lassen sie abtropfen und auskühlen. Garen Sie Erbsen und Möhren ebenfalls nach den Angaben auf der jeweiligen Pakkung. Anschließend lassen Sie sie gut abtropfen.

Verrühren Sie in einer Schüssel die Mayonnaise mit Estragon-Essig, Salz, Pfeffer und einer Prise Zucker zu einer Salatsoße. Schneiden Sie den Schnittlauch in dünne Röllchen, und wiegen Sie die Petersilie sehr fein. Sodann rühren Sie beides unter die Salatsoße.

Schneiden Sie den gekochten Schinken in kleine Würfel. Haben Sie Fleischwurst gekauft, so ziehen Sie ihr sorgfältig die Haut ab, bevor Sie sie kleinschneiden.

Füllen Sie die Schinken- oder Fleischwurstwürfel in die Soße, ebenso die abgetropften und ausgekühlten Hörnchennudeln, Erbsen und Möhren. Vermischen Sie alle Zutaten gut miteinander.

Der fertige Nudelsalat ist sofort servierbereit.

Gemüsesalat

1 Packung Salatgemüse aus der Tiefkühltruhe, 1 kleines Sträußchen Petersilie, 5 Eßlöffel Joghurt, 1 Messerspitze Meerrettichsoße, je 1 Messerspitze Kräutersenf, Salz, Pfeffer und eine Prise Zucker.

Verrühren Sie Joghurt, Meerrettichsoße und Kräutersenf zu einer glatten Soße. In diese Soße kommt nun das Salatgemüse, das Sie nach Vorschrift behandelt haben. Schmecken Sie den Gemüsesalat mit Salz, Pfeffer und einer Prise Zucker ab.

Bananensalat

*4 große Bananen, Saft einer Zitrone, 1 Eßlöffel Öl,
2 Eßlöffel Sahne oder Dosenmilch, Salz, Pfeffer, Zucker,
3 Eßlöffel gehackte Walnüsse.*

Verrühren Sie Öl und Sahne oder Dosenmilch mit Salz,
Pfeffer und Zucker zu einer pikanten Salatsoße. Schälen
Sie die Bananen, und schneiden Sie sie in Scheiben.
Beträufeln Sie sie anschließend mit reichlich Zitronen-
saft, damit sie nicht braun werden können. Dann geben
Sie sie in die Marinade. Streuen Sie die gehackten
Walnußkerne darüber und vermischen alles gründlich
miteinander — aber vorsichtig, damit die Bananen-
scheiben nicht zerquetscht werden.
In einer Schale auf Salatblättern angerichtet sieht der
Bananensalat nicht nur appetitlich aus, er bleibt auch
länger frisch.

Leber-Fondue

*250 g Hühnerleber, 250 g Putenleber, 375 g Kalbsleber,
1 l Öl oder 1 kg Kokosfett.*

Zugegeben: Im Vergleich zu all den anderen Fondues
sieht ein Leber-Fondue am wenigsten attraktiv aus. Aber
Leberfans wissen das ohnehin. Und Sie als Gastgeberin
würden sowieso niemals einen Ihrer Bekannten zum
Leber-Fondue einladen, wenn Sie nicht seinen Geschmack genau kennen.

Schneiden Sie die Leber in Streifen oder Würfel, entfernen Sie dabei auch gleich alle Haut- oder Röhrchenteile. Tupfen Sie die Stücke so gut wie möglich mit Küchenkrepp ab, bevor Sie sie — getrennt nach Sorten — in Schalen anrichten.

Das erhitzte Öl oder Kokosfett steht auf dem Rechaud mitten auf dem Tisch. Den Brenner haben Sie so eingestellt, daß das Fett während der Mahlzeit weitersieden kann. Und vergessen Sie bitte nicht, Salzstreuer und Pfeffermühlchen bereitzustellen.

Reichen Sie als Getränk einen süffigen Rotwein.

An Soßen und Salat passen besonders gut:

Senfsoße

³/₄ Tasse Sauerrahm, 2 Eßlöffel grüner, französischer Kräutersenf, 1 Ei, 1 kleiner Apfel, Zwiebelsalz.

Zunächst kochen Sie das Ei hart, schrecken es ab und lassen es anschließend auskühlen.

Waschen Sie den Apfel, zerschneiden Sie ihn, und entfernen Sie das Kerngehäuse. Geben Sie die ungeschälten Apfelstücke in Ihren Mixer. Schälen Sie das Ei, und geben Sie es dazu. Lassen Sie den Mixer so lange laufen, bis die Zutaten fein püriert sind. Füllen Sie Sauerrahm und Kräutersenf zu, und arbeiten Sie alles noch einmal kurz durch.

Gießen Sie die Creme in eine Schüssel um, und schmekken Sie sie mit Zwiebelsalz ab. Stellen Sie die Senfsoße für eine halbe Stunde in den Kühlschrank, bevor Sie sie zu Tisch reichen.

Estragonsoße

1/8 l Sahne, Salz, weißer Pfeffer, 2 Eßlöffel gewiegte Estragon-Blätter.

Schlagen Sie die Sahne fast steif. Würzen Sie sie mit Salz, weißem Pfeffer und heben die gewiegten Estragon-Blätter unter — eine wohlschmeckende Soße ist schon fertig! Sie darf allerdings nicht lange stehen, die Sahne verliert ihre Konsistenz sehr schnell.

Currycreme

1/8 l Sahne, 1/8 l Sauerrahm, 2 Teelöffel Currypulver, 1 Teelöffel Tomatenmark, 1 Eßlöffel Kokosraspeln, Salz, Pfeffer, Zucker.

Schlagen Sie die Sahne steif, und vermischen Sie sie anschließend gut mit Sauerrahm, Currypulver, Tomatenmark und den Kokosraspeln. Würzen Sie die Currycreme mit Salz und Pfeffer. Runden Sie ihren Geschmack mit einer Prise Zucker ab.
Die Currycreme sollte nicht lange stehen, bevor Sie sie servieren.

Zitronensoße

1/8 l Weißwein, 1 kleine Zwiebel, 1/2 Glas englische Zitronenmarmelade, Saft von 1 1/2 Zitronen, Salz, Chilipfeffer, 2 feingehackte Walnußhälften.

Hacken Sie die Zwiebel, die Sie zuvor geschält haben, in ganz feine Würfel. Geben Sie sie in eine kleine Kasserolle, und gießen Sie den Weißwein zu. Erhitzen Sie die Mischung, und lassen Sie sie fünf Minuten kochen. Ziehen Sie die Kasserolle vom Feuer, und lassen Sie den Topfinhalt erkalten.

Anschließend rühren Sie die Zitronenmarmelade und den Zitronensaft hinein und würzen pikant mit Salz und Chilipfeffer. Zuletzt rühren Sie die feingehackten Walnußhälften unter.

Stellen Sie die fertige Zitronensoße mindestens eine Stunde lang in den Kühlschrank. Denn je besser sie durchgekühlt ist, um so feiner schmeckt sie.

Gurken-Tomaten-Salat

1 Salatgurke, 4 schnittfeste Tomaten, $^1/_8$ l Sauerrahm, $^1/_2$ Tasse feingewiegte grüne Kräuter, z. B. Schnittlauch, Petersilie, Dill, 1 Prise Knoblauchpulver, Salz, Pfeffer, Zucker.

Der Gurken-Tomaten-Salat ist ein „schneller" Salat: Sie bereiten ihn erst kurz vor dem Eintreffen Ihrer Gäste zu.

Waschen Sie die Salatgurke und die Tomaten. Schneiden Sie die Gurke mitsamt der Schale in dünne Scheiben. Hacken Sie die Tomaten in grobe Würfel.

Verrühren Sie in einer Schüssel den Sauerrahm mit den Kräutern, und schmecken Sie die Salatsoße mit einer Prise Knoblauchpulver, etwas Salz und frisch gemahlenem Pfeffer ab, und verfeinern Sie sie mit ein wenig Zucker.

Erst wenn Ihre Gäste bereits auf das Essen warten, geben Sie Gurkenscheiben und Tomatenwürfel in die Salatsoße und vermischen alles gut miteinander.
Der Salat ist sofort tischfertig und kann serviert werden. Lange stehen sollte er auf keinen Fall.

Mixed Fondue

250 g gut abgehangenes Rinderfilet, 250 g Kalbsleber, 1/2 rohes Huhn, 1 mittelgroße Dose Champignons, 1 Paket panierte Fischstäbchen aus der Tiefkühltruhe, ungefähr 1 l Öl oder 1 kg Pflanzenfett.

Schneiden Sie das Rinderfilet und die Kalbsleber in walnußgroße Stücke. Enthäuten Sie das halbe Huhn, und entfernen Sie sodann die Knochen. Schneiden Sie das rohe Hühnerfleisch in mundgerechte Stücke. Lassen Sie die Champignons auf einem Sieb abtropfen. Trocknen Sie all diese Zutaten Stück für Stück mit Küchenkrepp ab, bevor Sie sie getrennt tischfertig anrichten. Die ihnen anhaftende Flüssigkeit würde sonst im siedenden Fett spritzen und es unter Umständen zum Überschäumen bringen.
Erhitzen Sie das Fett in Ihrem metallenen Fonduetopf auf der Herdplatte. Stellen Sie ihn mit dem bereits siedenden Fett auf Ihren Rechaud in die Mitte des Tisches.
Jetzt erst holen Sie die Packung mit den Fischstäbchen aus dem Tiefkühlfach, schneiden die gefrorenen Stäbchen einmal durch und bringen Sie sofort zu Tisch.
Jeder Gast spießt nun ein Stückchen Filet, Leber, Huhn

oder Fisch auf seine Fonduegabel und läßt es ganz nach eigenem Geschmack in dem siedenden Fett garen. Bei den Getränken können Sie den Wünschen Ihrer Gäste entsprechen. Wein — weiß oder rot — paßt ebenso wie Bier und ein Klarer.

Hier noch ein paar Soßen und Salate zur Auswahl:

Paprikamarksoße

3 Eßlöffel Paprikamark, 4 Eßlöffel Sahne, 1 Teelöffel Estragon-Essig, Salz, Pfeffer, Zucker.

Verrühren Sie das Paprikamark mit der Sahne und dem Estragon-Essig. Würzen Sie mit Salz und Pfeffer, und runden Sie den Geschmack der Paprikamarksoße mit einer kleinen Prise Zucker ab.

Dillsoße

3 Eßlöffel süßer Senf (sog. Weißwurst-Senf), 3 Eßlöffel Sahne, 1 Bund Dill.

Verrühren Sie den Senf mit der Sahne. Wiegen Sie den Dill ganz fein, und geben Sie ihn dann unter die Mischung. Lassen Sie die fertige Dillsoße ungefähr 20 Minuten kühl stehen, damit sie gut durchziehen kann.

Kaviarcreme

1/2 Tasse Sahne, 2 Teelöffel geriebene Zwiebel, 2 Eßlöffel deutscher Kaviar.

Schlagen Sie die Sahne steif, und heben Sie vorsichtig die geriebene Zwiebel und den Kaviar unter.
Diese Creme sollte nicht lange stehen müssen und kommt auf jeden Fall bis zum Servieren in den Kühlschrank.

Petersiliensoße

4 Eßlöffel Öl, 1 Eßlöffel Senf, 1 Eßlöffel Estragon-Essig, 1 Zwiebel, 1 Gewürzgurke, 1 Teelöffel Kapern, 2 Eßlöffel feingewiegte Petersilie, Salz, Pfeffer.

Verrühren Sie das Öl mit dem Senf und Estragon-Essig. Schneiden Sie die Zwiebel, die Gewürzgurke und die abgetropften Kapern in ganz feine Stückchen, die Sie — zusammen mit der Petersilie — unter das Gemisch rühren. Runden Sie den Geschmack der Petersiliensoße mit etwas Salz und frisch gemahlenem Pfeffer ab.

Davoser Salat

1 großer säuerlicher Apfel, 1 kleines Glas Maiskölbchen, 1 Tasse gekochte junge Erbsen, 100 g Emmentaler Käse, 150 g magerer gekochter Schinken am Stück, 1½ Bund Schnittlauch, ⅛ l Sauerrahm oder Joghurt, 1 Eßlöffel Sojasoße, 2 Eßlöffel Mayonnaise.

Raspeln Sie den geschälten und entkernten Apfel, und vermischen Sie ihn mit den abgetropften Maiskölbchen, den Erbsen, dem zuvor kleingewürfelten Käse und dem ebenso vorbereiteten Schinken. Schneiden Sie den

Schnittlauch in dünne Röllchen, die Sie ebenfalls zugeben. Verrühren Sie Sauerrahm oder Joghurt mit Sojasoße und Mayonnaise zu einer glatten Soße, die Sie anschließend über den Schüsselinhalt gießen. Vermischen Sie alle Zutaten gut miteinander, und stellen Sie den fertigen Davoser Salat bis zum Servieren kühl.

Sellerie-Apfel-Salat

1 mittelgroße Sellerieknolle, 1 großer Apfel, 1 Eßlöffel Öl, 1 Eßlöffel Zitronensaft, Zwiebelsalz, 1 Prise Zucker.

Schälen Sie die Sellerieknolle, und schneiden Sie alle holzigen Stellen ab. Dann raspeln Sie die rohe Knolle und ebenso den Apfel mitsamt der Schale. Das Kerngehäuse verwenden Sie selbstverständlich nicht. Träufeln Sie Öl und Zitronensaft darüber, und schmecken Sie den gut vermischten Salat mit Zwiebelsalz und einer kleinen Prise Zucker ab.

Chicoréesalat

3 Chicorée, 1 kleine Dose Mandarinen, 2 Eßlöffel gehackte Haselnüsse, 1 Karree Doppelrahm-Frischkäse, 2 Eßlöffel Sahne, 1 Eßlöffel Mandarinensaft, 1 Teelöffel Zitronensaft, 1 Prise Knoblauchpulver, Salz, weißer Pfeffer.

Putzen Sie die Chicorée-Stauden, entfernen Sie den bitteren Kern, und schneiden Sie die Blätter in kleine Stücke. Lassen Sie die Mandarinen auf einem Sieb abtropfen.

Rühren Sie den Käse mit Sahne, Mandarinen- und Zitronensaft schaumig, und runden Sie den Geschmack der Creme mit einer Prise Knoblauchpulver, Salz und weißem Pfeffer ab. In diese Creme geben Sie die Chicoréestücke, die abgetropften Mandarinenschnitzel und und die gehackten Haselnüsse. Vermischen Sie alles gut miteinander, und stellen Sie den Chicoréesalat bis zum Servieren kühl.

Der Chinesische Feuertopf ist ein Gefäß aus Metall. Er hat große Ähnlichkeit mit unserer Gugelhupf- oder Kranzkuchenform. Dieser Feuertopf wird — wie der Name schon sagt — auf das offene Feuer gestellt, bei dem es sich zumeist um ein Holzkohlenfeuer handelt. Bei uns sind solche Feuertöpfe leider nur sehr, sehr selten zu bekommen. Aber auch wenn Sie das folgende Gericht — kurzerhand nach dem ursprünglichen Kochgefäß benannt — in Ihrem Fonduetopf servieren und ihn mit Spiritus beheizen, wird es Ihnen und Ihren Gästen bestimmt dasselbe Vergnügen bereiten.

Chinesischer Feuertopf

1¹/₂ l Hühnerbrühe, 250 g Rinderfilet, 250 g Schweinefilet, 4 Hühnerbrusthälften, 250 g frisches Fischfilet, 1 kleine Packung (ca. 125 g) Krabben aus der Tiefkühltruhe, 2 Stangen Lauch, 200 g frischer Spinat, 100 g Glasnudeln, ¹/₄ l Wasser.

Nehmen Sie die Krabben aus dem Tiefkühlfach, und lassen Sie sie nach Vorschrift auftauen. Schneiden Sie das Rinder- und Schweinefilet in walnußgroße Würfel. Verfahren Sie ebenso mit den Hühnerbrüstchen und dem Fischfilet.

Putzen und waschen Sie die beiden Stangen Lauch. Schneiden Sie sie in 3—4 mm dicke Scheibchen, die Sie auf Küchenkrepp zum Trocknen legen. Verlesen Sie den Spinat, und entfernen Sie die Stiele. Waschen Sie die Blätter, und lassen Sie sie ebenfalls auf Papiertuch trocknen.

Tupfen Sie auch die Fleisch- und Fischwürfel und die inzwischen aufgetauten Krabben ab. Füllen Sie alles getrennt in Schüsseln, die Sie auf den Tisch stellen.

Inzwischen haben Sie die Hühnerbrühe in Ihren Fonduetopf gefüllt und auf der Herdplatte zum Kochen gebracht. Stellen Sie den Topf nun auf Ihren Rechaud in die Mitte des Tisches. Regulieren Sie den Brenner so, daß die Brühe weiterkocht.

Bevor Sie nun endgültig die Küche verlassen und sich Ihren Gästen widmen, füllen Sie die Glasnudeln in eine Schüssel, gießen lauwarmes Wasser darüber und lassen sie weichen.

Jetzt kann der Schmaus beginnen. Spießen Sie ein Stück Fleisch oder Fisch auf Ihre Fonduegabel, die Sie in die leise kochende Brühe tauchen, bis der Fleisch- oder Fischwürfel gar ist.

Nehmen Sie die Fonduegabel aus der Brühe, schieben Sie das Stück mit normalem Besteck auf Ihren Teller, und stippen Sie den Happen in eine der Soßen, bevor

Sie ihn verspeisen. Machen Sie es ebenso mit den Lauchscheiben und Spinatblättern.

Neigt sich das Mahl seinem Ende zu, gehen Sie schnell in die Küche, gießen das Wasser von den Glasnudeln ab und schneiden sie klein. Die eingeweichten, kleingeschnittenen Glasnudeln nehmen Sie mit an den Tisch. Füllen Sie die Reste Fleisch, Fisch, Krabben und Gemüse — soweit überhaupt noch vorhanden — in den Fonduetopf und lassen alles zusammen ungefähr fünf Minuten kochen. Dann kommen die Glasnudeln dazu, und nach weiterem zweiminütigem Kochen servieren Sie diese wunderbare Suppe, in Tassen gefüllt, Ihren Gästen.

Zum Chinesischen Feuertopf trinkt man gewöhnlich Weißwein oder Rosé. Ganz ausgezeichnet aber paßt warmer Reiswein, der aus kleinen Porzellanschalen getrunken wird.

Orangensoße

1 Tasse Mayonnaise, 1 Eßlöffel Senf, Saft einer Orange, abgeriebene Schale einer halben Orange, Salz, weißer Pfeffer, Zucker.

Verrühren Sie die Mayonnaise mit dem Senf, Orangensaft und der dünn abgeriebenen Orangenschale. Runden Sie den Geschmack der Soße mit Salz, weißem Pfeffer und einer Prise Zucker ab.

Stellen Sie die fertige Orangensoße bis zum Servieren in den Kühlschrank.

Buttersoße

1 eigroßes Stück Butter, 1 Eßlöffel Mehl, 3/8 l Wasser, Salz, weißer Pfeffer, 1/2 Tasse Sahne, 2 Eigelb, 75 g Butter, 1 Teelöffel Zitronensaft.

Zerlassen Sie das eigroße Stück Butter in einer Kasserolle, und rösten Sie das Mehl hellgelb darin an. Löschen Sie mit Wasser ab, und würzen Sie mit wenig Salz und weißem Pfeffer. Die Masse muß unter Rühren fünf Minuten kochen. Verquirlen Sie die Eigelb in der Sahne, und rühren Sie die Mischung unter die Soße, nachdem Sie den Topf vom Feuer genommen haben. Jetzt geben Sie das zweite Stück Butter zu und schlagen es, während es schmilzt, kräftig unter. Runden Sie mit ein paar Tropfen Zitrone ab, und Ihre Buttersoße ist servierbereit.
Stellen Sie sie bei Tisch warm, aber bitte so, daß sie auf keinen Fall mehr zum Kochen kommt, sie würde sonst gerinnen.

Grüner Erbsensalat

1 große Dose Erbsen „fein", 1/2 Tasse Mayonnaise, 1 Teelöffel Zitronensaft, Salz, Zucker, 2 Stengel Petersilie.

Lassen Sie die Erbsen auf einem Sieb abtropfen. Inzwischen rühren Sie die Mayonnaise mit dem Zitronensaft glatt und schmecken sie mit Salz und Zucker ab. In die Mayonnaise kommen die abgetropften Erbsen, die Sie gut unter heben. Anschließend wiegen Sie die

Petersilie sehr fein und bestreuen damit den fertigen Erbsensalat.

Bambussprossensalat

350 g kaltes, gekochtes Schweinefleisch, 1 kleine Dose Bambussprossen, 1 kleine Dose Champignons, 5 Eßlöffel Sahne, 5 Eßlöffel Öl, 1 Teelöffel Sojasoße, Salz, etwas Streuwürze, z. B. Fondor.

Schneiden Sie das Fleisch in kleine Würfel. Gießen Sie das Wasser von den Bambussprossen ab, und schneiden Sie das Fruchtfleisch klein. Verfahren Sie ebenso bei den Pilzen.

Rühren Sie Sahne, Öl, Sojasoße, Salz und Streuwürze zu einer Marinade, die Sie über das Fleisch-Bambus-Champignon-Gemisch gießen.

Der Salat muß ungefähr eine halbe Stunde durchziehen und bis zum Servieren sehr kalt stehen.

Chrysanthemen-Feuertopf

In seinem Ursprungsland China wird der Chrysanthemen-Feuertopf, eine ausgesprochen festliche Köstlichkeit, nur im Herbst und frühen Winter serviert, eben zur Zeit der Chrysanthemenblüte. Und daher hat dieses Gericht auch seinen wohlklingenden Namen, den Sie dadurch symbolisieren können, daß Sie das Eßzimmer mit einem Chrysanthemenstrauß schmücken. Das Rezept ist für acht Personen berechnet. Als Zutaten benötigen Sie:

375 g mageres Suppenfleisch, 4 Pfefferkörner, 2 dünne Stangen Lauch, 2 l kaltes Wasser, 1 Messerspitze Ingwerpulver, Salz, 1 Poularde, 250 g Schweinefilet, 250 g Rinderfilet, 250 g Kalbsleber, 250 g Kabeljaufilet, 250 g geschälte Hummerkrabben aus der Tiefkühltruhe, 50 g getrocknete Chinapilze, 125 g Glasnudeln, 200 g frischer Spinat, 250 g frische Sojabohnenkeimlinge, 1 kleine Dose Bambussprossen, 8 Eigelb.

Geben Sie das Suppenfleisch mit den Pfefferkörnern in einen hohen Topf. Schneiden Sie 1½ Stangen Lauch in grobe Stücke, die Sie dazulegen. Die restliche halbe Lauchstange heben Sie für später auf. Gießen Sie zwei Liter kaltes Wasser in den Topf und würzen es milde mit der Messerspitze Ingwer und Salz. Lassen Sie alles zum Kochen kommen und schöpfen dann den Schaum ab.
Lösen Sie das Brustfleisch der Poularde aus, und legen Sie es vorerst in den Kühlschrank. Wenn Sie eine tiefgefrorene Poularde haben, so muß sie dafür selbstverständlich vorher aufgetaut sein. Das Huhn ohne Brustfleisch kommt in den Suppentopf, nachdem der bisherige Inhalt schon eine Stunde gekocht hat. Alles zusammen bleibt nun noch für eine weitere Stunde auf dem Feuer.
Anschließend gießen Sie die Brühe durch ein Sieb in Ihren Fonduetopf, den Sie auf den brennenden Rechaud in die Mitte des Tisches stellen.

Foto: Fondue „Fisch und Fleisch"   Rezept Seite 139   ▶

Das im Sieb verbliebene, gekochte Fleisch verwenden Sie nach Belieben weiter. Fürs Fondue wird es nicht mehr benötigt.

Schon während Sie die Brühe kochten, haben Sie die weiteren Zutaten vorbereitet. Dazu schneiden Sie das Schweine- und Rinderfilet und die Hühnerbrust in Scheibchen oder walnußgroße Würfel. Blanchieren Sie die Kalbsleber, und schneiden Sie sie ebenfalls klein. Dabei entfernen Sie alle Röhren und Hautteilchen. Haben Sie Fischfilet aus der Tiefkühltruhe, lassen Sie es etwas antauen, bevor Sie es würfeln. Tauen Sie die Krabben auf, und teilen Sie nur die ganz großen einmal durch. Ungefähr eine halbe Stunde vor Beginn Ihrer Fondue-Party weichen Sie die Chinapilze und — getrennt — die Glasnudeln in lauwarmem Wasser ein. Waschen Sie die Sojabohnenkeimlinge, und lassen Sie sie auf einem Sieb abtropfen. Außerdem verlesen und waschen Sie den Spinat, entfernen seine harten Stengel und lassen die Blätter gut abtropfen.

Richten Sie jede Zutat für sich auf Tellern, Schüsseln oder Schalen an, die Sie sodann auf den Tisch stellen.

Kurz bevor Ihre Gäste kommen, gießen Sie das Wasser von den gequollenen Pilzen ab und geben sie in die Brühe. Teilen Sie die abgetropften Bambussprossen in kleine Stückchen, die Sie zu den Pilzen in die Brühe geben. Schneiden Sie das verbliebene Stück Lauchstange in Röllchen. Die eine Hälfte davon streuen Sie auf die Brühe, mit der anderen dekorieren Sie die Fleischteller.

Jeder Teilnehmer Ihrer Tafelrunde spießt sich nach Belieben Fleisch, Fisch oder Gemüse auf seine Fonduegabel und läßt es daran in der brodelnden Brühe garen. Auch die ganzen Spinatblätter werden auf diese Weise getaucht. Bis zum Ende der Mahlzeit entsteht so eine sehr gehaltvolle Brühe. Lassen Sie nun die Glasnudeln abtropfen, und schneiden Sie sie mit der Küchenschere anschließend in 7—10 cm lange Stücke. Geben Sie sie in die Brühe, und lassen Sie sie darin garen. Das dauert nur ein bis zwei Minuten.

Decken Sie inzwischen für jeden Gast eine Suppentasse auf, in die Sie jeweils ein rohes Eigelb gegeben haben.

Verteilen Sie nun die Brühe auf die Suppentassen. Schöpfen Sie dabei auf dem Topfboden entlang, so daß jeder etwas von dem „Dicken" abbekommt, und gießen Sie die Tassen vorsichtig voll, damit das Eigelb nicht platzt.

Die chinesische Küche kennt keine scharfen Gewürze. Stellen Sie trotzdem außer der Sojasoße auch Tabascosoße und Cayennepfeffer auf den Tisch. Sie werden es immer wieder erleben, daß sich Ihre Gäste gerade diese Brühe nach dem Fondue lieber etwas schärfer würzen.

Pikante Weinsoße

1/2 Tasse Öl, 1/2 Tasse Rotwein, 1 Tasse Sauerrahm oder Joghurt, 1 Eßlöffel Zitronensaft oder Estragon-Essig, 1 Teelöffel Sojasoße, 1 Teelöffel Kräutersenf, 1 kleine Knoblauchzehe, 1/2 grüne Paprikaschote, 1 kleiner Apfel, 1 kleine Gewürzgurke.

Verrühren Sie Öl, Rotwein, Sauerrahm oder Joghurt, Zitronensaft oder Estragon-Essig, Sojasoße und Kräutersenf gut miteinander. Drücken Sie die Knoblauchzehe durch eine Knoblauchpresse, und rühren Sie den Saft ebenfalls unter. Hacken Sie eine halbe Paprikaschote in ganz kleine Würfel, ebenso den geschälten, entkernten Apfel und die Gewürzgurke. Geben Sie alles zusammen in die Soße, die Sie nochmals gut durchrühren. Anschließend stellen Sie sie bis zum Gebrauch in den Kühlschrank.

Mandelmayonnaise

½ Tasse Mayonnaise, Saft einer halben Zitrone, 1 Apfel, ½ Tasse süße, geschälte Mandeln, 1 Messerspitze Ingwerpulver.

Verrühren Sie die Mayonnaise mit dem Zitronensaft. Schälen Sie den Apfel, und reiben Sie ihn anschließend auf Ihrer Rohkostreibe. Die geschälten Mandeln dagegen drehen Sie durch Ihre Mandelmühle. Nun rühren Sie Apfelbrei und geriebene Mandeln unter die Mayonnaise und verfeinern den Geschmack mit einer Messerspitze Ingwerpulver.

Lyoner Fondue

1 Poularde und eine Packung Hühnerbrüstchen aus der Tiefkühltruhe, 2 l Wasser, 1 Bund Suppengrün, Salz, Pfeffer, 250 g kleine Champignons.

Tauen Sie die Poularde auf, bevor Sie Brustfleisch und Keulen entfernen. Legen Sie beides in den Kühlschrank zurück. Gießen Sie das Wasser in einen Suppentopf, geben Sie das geputzte Suppengrün zu, und würzen Sie mit Salz und Pfeffer. Legen Sie den Poulardenrumpf dazu, und lassen Sie alles eine Stunde kochen. Anschließend nehmen Sie die Poularde aus der Brühe, die Sie durch ein Sieb in einen anderen Topf gießen und darin erkalten lassen. Das gekochte Hühnerfleisch verwenden Sie für eine andere Mahlzeit, für das Fondue wird es nicht mehr gebraucht. Sobald die Brühe ausgekühlt ist, entfernen Sie die Fettschicht, die sich auf der Oberfläche gebildet hat. (Verwenden Sie das Fett für Ihre nächsten Bratkartoffeln.) Vergessen Sie bitte nicht, die Hühnerbrüstchen aus dem Gefrierfach zu nehmen, damit sie genügend Zeit haben, aufzutauen.

Kurz bevor Ihre Gäste kommen erhitzen Sie die Hühnerbrühe in Ihrem Fonduetopf. Schneiden Sie die Brüstchen, die inzwischen aufgetaut sind, und das Brustfleisch der Poularde in Würfel oder schmale Streifen. Lösen Sie die Knochen aus den Keulen, und schneiden Sie auch dieses Fleisch klein. Schichten Sie Fleischwürfel oder -streifen auf einen Holzteller, den Sie, für jeden Ihrer Tafelrunde gut erreichbar, auf den Tisch stellen. Waschen und putzen Sie die kleinen Champignons, legen sie gut abgetropft auf einen Teller und dekorieren ihn mit einem Sträußchen Petersilie. Auch Pfeffermühle und Salzstreuer dürfen nicht fehlen. Die kochende Suppe kommt auf den Rechaud. Die Brühe muß während der ganzen Mahlzeit leise weiterkochen.

Dementsprechend stellen Sie Ihre Spiritusflamme ein.

Reichen Sie wohltemperierten Weißwein als Getränk.

Die fröhliche Tafelrunde kann ihren Lauf nehmen, sobald Sie die folgenden Soßen und Salate bereitgestellt haben:

Holländische Soße

3 Eigelb, Saft einer halben Zitrone, 1 eigroßes Stück und zusätzlich 125 g Butter, Salz, Pfeffer.

Geben Sie die Eigelb, den Zitronensaft und das eigroße Stück Butter in eine Kasserolle, und würzen Sie mit Salz und Pfeffer. Schlagen Sie die Mischung mit dem Schneebesen auf ganz kleiner Flamme, bis eine dickliche Masse entsteht. Geben Sie langsam und unter weiterem Schlagen die 125 g Butter zu, die Sie zuvor in kleine Stückchen geschnitten haben.
Zuletzt schmecken Sie nochmals mit Salz und Pfeffer ab und reichen die Soße anschließend sofort zu Tisch. Stellen Sie sie während der Mahlzeit warm. Sie darf aber auf keinen Fall zum Kochen kommen.

Olivencreme

¹/₂ Tasse Mayonnaise, ¹/₂ Tasse Joghurt, 1 Teelöffel Zitronensaft, 6 grüne, mit Paprika gefüllte Oliven, Salz, Pfeffer.

Verrühren Sie die Mayonnaise, den Joghurt und Zitronensaft gut miteinander. Hacken Sie die gefüllten Oliven in ganz feine Würfel, die Sie unter die Masse rühren. Würzen Sie die Olivencreme nach Geschmack mit Salz und frisch gemahlenem Pfeffer. Stellen Sie die fertige Creme in den Kühlschrank, bis Sie sie zu Tisch reichen.

Möhren-Sellerie-Salat

250 g Möhren, 1 mittelgroße Knolle Sellerie, 3 Eßlöffel Öl, 2 Eßlöffel Estragon-Essig oder Zitronensaft, Salz, Pfeffer, 3 Stengel Petersilie.

Sie putzen die Möhren und schälen die Sellerieknolle. Dann raspeln Sie beides auf Ihrer Rohkostreibe. Träufeln Sie Öl, Estragon-Essig oder Zitronensaft darüber, und schmecken Sie mit Salz und Pfeffer ab. Wiegen Sie die Petersilie ganz fein, und vermischen Sie alles gut miteinander.

Champignonsalat

1 mittelgroße Dose Champignons, 2 Eßlöffel Mayonnaise, 1 Eßlöffel Sahne, 1 Teelöffel Zitronensaft, 1 Messerspitze Streuwürze (z. B. Fondor), 1 kleiner Bund Petersilie.

Schütten Sie die Champignons aus der Dose auf ein Sieb, und lassen Sie sie gut abtropfen.
Inzwischen rühren Sie die Mayonnaise mit Sahne, Zitronensaft und Streuwürze zu einer Salatsoße. Wiegen Sie die Petersilie sehr fein und rühren sie ebenfalls unter. Geben Sie die abgetropften Champignons hinein, und heben Sie sie unter die Salatsoße. Den fertigen Champignonsalat können Sie sofort zu Tisch reichen.

Bohnen-Mais-Salat

1 Dose junge Brechbohnen, 1 Dose Maiskörner, 1 Zwiebel, 1 Teelöffel gewiegte Petersilie, 3 Eßlöffel Öl, 2 Eßlöffel Weinessig, Salz, Pfeffer.

Schütten Sie die Bohnen und die Maiskörner auf ein Sieb, und lassen Sie sie gut abtropfen.
Verrühren Sie Öl und Weinessig mit Salz und Pfeffer zu einer Marinade. Hacken Sie die Zwiebel in feine Würfel, wiegen Sie die Petersilie. Anschließend heben Sie alles gut unter. Lassen Sie den fertigen Salat eine halbe Stunde ziehen, bevor Sie ihn servieren.

Fisch-Fondues

Fisch-Fondues sind natürlich genausowenig „echte" Fondues wie die entsprechend bezeichneten Fleischgerichte. Ihrem Ursprung nach entstammen sie hauptsächlich der chinesischen Küche, sind dann, je nach dem Geschmack der einzelnen europäischen Länder abgewandelt, zu Fondues geworden, zum geselligen Schmaus aus dem Topf über offener Flamme.

Nehmen Sie in diesem Fall das Wort „Fisch" nicht zu wörtlich — besonders, wenn Sie Ihren künftigen Gästen bei der Einladung die Genüsse schildern, die auf sie warten: Der moderne Mensch ist — sehr zu Unrecht — kein besonderer Fischfreund. Das liegt nicht zuletzt an der einfallslosen Art, mit der bei uns die Mehrzahl aller Fischgerichte zubereitet wird. Und in dieser Hinsicht ist das Fisch-Fondue ein echter Fortschritt: Es entdeckt die delikaten Geschmacksverbindungen, die sich zwischen Fisch und anderem Fleisch von Wassertieren, von Krabben, Taschenkrebsen, Langusten, Garnelen, Muscheln, Tintenfischen und dergleichen mehr, herstellen lassen, neu für unsere Küche.

All diese Meeresfrüchte lassen sich miteinander mischen. Die Art des Garens — ob in Bouillon oder siedendem Fett — und die Auswahl der Soßen und Salate trägt das ihre dazu bei, die Geschmacksnote voll zu entfalten. Die folgenden Rezepte geben Ihnen grundlegende Anhaltspunkte, doch sie sollen Sie nicht einschränken: Lassen Sie Ihrer Phantasie ruhig ein wenig freien Lauf, erfinden und erproben Sie neue Gewürz- und Geschmacksvarianten! Denn erstens war Phantasie schon immer die beste Zutat der erfolgreichen Köchin, und zweitens sind Fisch-Fondues gegenwärtig noch weitgehend Neuland, das es zu erforschen und dessen Schätze es noch zu bergen gilt.

Dennoch gibt es natürlich ein paar grundlegende Regeln, an die Sie sich halten sollten: Viele Fleischliebhaber schätzen Filet, wenn es innen noch „blue" oder rosig ist. Fisch aber muß grundsätzlich durchgaren, sonst schmeckt er abscheulich. Schneiden Sie darum das Fischfleisch in kleinere Stücke, als Sie das bei normalem Fleisch tun würden. Am günstigsten sind Streifen: Schmal und nicht zu lang geschnitten garen sie am schnellsten durch. Achten Sie bei Tisch darauf, daß das Fett ständig siedet oder die Bouillon ununterbrochen weiterkocht.

Besonders gut geeignet für Fisch-Fondues sind Seezunge, Thunfisch und Rotbarsch. Sie haben das festeste Fleisch und lassen sich darum auch am leichtesten mundgerecht in Streifen schneiden. Aber auch für das Fleisch weniger schnittfester Fischarten gibt es einen Kunstgriff: Legen Sie die Stücke für eine halbe Stunde in wenig Wasser, dem Sie 2—3 Eßlöffel Zitronensaft zugegeben haben. Anschließend zerfällt das Fischfleisch nicht mehr so leicht. Achten Sie aber darauf, daß Sie die einzelnen Stücke gut trocknen. Tupfen Sie alle Feuchtigkeit mit Küchenkrepp ab. Damit verhindern Sie ein Spritzen des siedenden Fettes oder ein Verwässern der Brühe.

Spießen Sie Fischstückchen immer quer zur Faser auf Ihre Fonduegabel — niemals längs. Auf diese Weise vermindern Sie die Gefahr, daß Ihnen das gegarte Fischfleisch von der Gabel bröckelt. Reichen Sie Fisch und Krabben zusammen, so demonstrieren Sie Ihren

Gästen unauffällig einen Trick, der nicht nur das Essen erleichtert, sondern auch den Geschmack erhöht: Spießen Sie zuerst ein Stückchen Fisch und sodann eine Krabbe auf Ihre Gabel. Die Krabbe hält das Fischfleisch. Und zusammen gegessen ergänzen sich die beiden Geschmacksnoten vorzüglich.

Zu Fischgerichten eignen sich als Getränke keine schweren weißen Weine, und auch bei den roten werden die leichteren bevorzugt. Ist die Würzung der Soßen nicht südländisch, so paßt helles Bier ausgezeichnet.

Wichtig ist eine reichhaltige Auswahl an Salaten, die nicht nur das Essen selbst beleben, sondern ihm auch einen gewissen Abschluß geben.

Fisch-Fondue

3 Packungen unpaniertes Fischfilet aus der Tiefkühltruhe, z. B. Heilbuttfilet, Schollen-, Goldbarsch- oder Kabeljaufilet, 1 l Öl oder 1 kg Kokosfett.

Dieses Fondue ist — dank seines geringen Zeitaufwandes — besonders sympathisch für berufstätige Hausfrauen. Öffnen Sie also nur schnell die Packungen, und lassen Sie die Fischfilets leicht antauen, bevor Sie sie in mundgerechte Stücke zerteilen.

Inzwischen erhitzen Sie das Öl oder Kokosfett in Ihrem metallenen Fonduetopf. Das geschieht zweckmäßigerweise in der Küche auf der Herdplatte, was weniger Zeit beansprucht. Anschließend stellen Sie den Topf mit dem Fett auf Ihren Rechaud in die Mitte des Tisches.

Regulieren Sie die Flamme des Spirituskochers so, daß das Fett während der ganzen Mahlzeit weitersiedet.

Jeder Fondueteilnehmer bekommt sein Schälchen mit noch fast gefrorenen Fischwürfeln, die er auf seine Fonduegabel spießt und im siedenden Fett goldgelb brutzeln läßt. Anschließend werden die Fischstückchen abwechselnd in folgende Soßen getaucht:

Piccalillisoße

3 Eßlöffel Piccalillis aus dem Glas, 1 Tasse Mayonnaise, Salz, Zucker, 1 Teelöffel Zitronensaft, 1/8 l Sahne.

Verrühren Sie Picalilli mit der Mayonnaise. Verfeinern Sie die Masse mit Salz, einer Prise Zucker und dem Zitronensaft. Kurz bevor Sie die Soße servieren, schlagen Sie die Sahne steif und heben sie unter.

Teufelssoße

1 Tasse Öl, 1 Eßlöffel scharfes Paprikamark, 1 Eßlöffel Estragon-Essig, 1 Eßlöffel Sauerrahm, 1 Eßlöffel gehackter Dill, Salz.

Verrühren Sie Öl, Paprikamark, Estragon-Essig und Sauerrahm zu einer glatten Soße. Zuletzt rühren Sie den feingehackten Dill unter, fügen etwas Salz hinzu und stellen die Soße bis zum Servieren kühl — aber nicht in den Kühlschrank.

Sollte Ihnen die Soße mit weniger Paprikamark schon teuflisch genug sein, so verwenden Sie eine geringere Menge davon. Bedenken Sie jedoch bitte, daß Sie vollkommen ungewürztes Fleisch hineintauchen, wodurch der Teufelssoße schon ein kleiner Teil der Intensität genommen wird.

Rettichcreme

1 Rettich, mittelgroß, 1 Tasse Sauerrahm oder Joghurt, 3 Eßlöffel Mayonnaise, Salz.

Putzen Sie den Rettich, und reiben Sie ihn auf Ihrer Rohkostreibe ganz fein. Schlagen Sie Sauerrahm oder Joghurt mit der Mayonnaise cremig — nehmen Sie dazu einen Schneebesen, so wird die Masse lockerer. Anschließend arbeiten Sie den Rettich unter. Würzen Sie die Rettichcreme vorsichtig mit Salz.

Tomatensalat

500 g schnittfeste Tomaten, 1 Zwiebel, 3 Eßlöffel Öl, 1—2 Eßlöffel Weinessig, Salz, Pfeffer, 1 Bund Schnittlauch.

Waschen Sie die Tomaten, und schneiden Sie sie in Scheiben. Schälen Sie die Zwiebel, und hacken Sie sie in feine Würfel.
Rühren Sie in einer Schüssel Öl, Weinessig, Salz und frisch gemahlenen Pfeffer zu einer Marinade. Schnei-

den Sie den Schnittlauch klein, und geben Sie die Röllchen dazu. Füllen Sie die Tomatenscheiben und die
Zwiebelwürfel hinein, und heben Sie alles unter. Seien
Sie dabei bitte vorsichtig, damit die Tomatenscheiben
nicht zerfallen.

Lassen Sie den fertigen Tomatensalat eine halbe Stunde
ziehen, bevor Sie ihn servieren.

Bunter Kartoffelsalat

*500 g Salatkartoffeln, 1 säuerlicher Apfel, 1 Gewürz-
gurke, 2 Tomaten, 1 kleine, grüne Paprikaschote,
1 kleine Zwiebel, 3 Eßlöffel Mayonnaise, 1 Eßlöffel Öl,
1 Teelöffel Zitronensaft, 1 Teelöffel Senf, Salz, Pfeffer,
1 Bund Schnittlauch, ½ Bund Petersilie.*
Zum Garnieren: 1 hartgekochtes Ei.

Kochen Sie die Kartoffeln, pellen Sie sie, und schneiden Sie sie in Scheiben. Schälen Sie den Apfel, entfernen Sie daraus das Kernhaus, und hacken Sie ihn
in kleine Würfelchen, ebenso die Gewürzgurke und die
Tomaten. Befreien Sie die Paprikaschote von den
scharfen Kernen, und teilen Sie sie anschließend in
schmale Streifen. Schälen Sie die Zwiebel, und hacken
Sie sie ganz fein.

Verrühren Sie in einer Schüssel Mayonnaise, Öl,
Zitronensaft und Senf miteinander zu einer Salatsoße.
Schmecken Sie mit Salz und frisch gemahlenem Pfeffer
ab. Schneiden Sie den Schnittlauch in Röllchen, und
wiegen Sie die Petersilie ganz fein. Rühren Sie beides

in die Soße ein. Füllen Sie all die vorbereiteten Zutaten in die Schüssel und vermischen sie gut mit der Salatsoße.

Lassen Sie den Bunten Kartoffelsalat zugedeckt eine Stunde durchziehen.

Kurz bevor Sie ihn zu Tisch reichen, pellen Sie das Ei, sechsteln es mit einem entsprechenden Eierschneider und garnieren damit den Salat.

Genueser Fondue

Krabben, Muscheln, Garnelen, Tintenfisch, Langusten, Fleisch von Taschenkrebsen, je nach Personenzahl; 1 l Öl oder 1 kg Kokosfett.

Rechnen Sie pro Person ungefähr 125—150 g Meeresfrüchte insgesamt. Dieses Gericht sättigt weit mehr als beispielsweise ein Fleisch-Fondue. Außerdem müssen Sie bedenken, daß es sich hier um sehr leicht verderbliche Zutaten handelt. Es darf also nichts davon übrigbleiben.

Sie bekommen die Zutaten frisch in Spezialgeschäften, die es leider meist nur in Großstädten gibt. Aber auch in Kaufhäusern mit Delikateßwaren-Abteilungen oder in größeren Lebensmittelgeschäften finden Sie Entsprechendes in Dosen oder auch in der Tiefkühltruhe. Je reichhaltiger Sie das Mahl gestalten können, um so besser.

Behandeln Sie die Zutaten wie auf der jeweiligen Verpackung angegeben. Legen Sie alles, auf Salatblättern angerichtet und nach Arten getrennt, in Schalen. Oder — was wesentlich dekorativer aussieht — bereiten Sie jedem Gast seinen Teller vor.

In der Zwischenzeit haben Sie das Öl oder Kokosfett in Ihrem metallenen Fonduetopf erhitzt und auf den Rechaud gestellt, der leicht erreichbar in Tischmitte steht. Das Fett muß während der gesamten Mahlzeit weitersieden. Stellen Sie die Flamme also entsprechend ein.

Jeder spießt sich nun ein Stückchen der Meeresfrüchte auf seine Fonduegabel. In das siedende Öl getaucht, läßt er es knusprig goldbraun backen. Anschließend wird der Happen in eine der Soßen getaucht, die Sie vorbereitet haben, und — eventuell noch mit Salz oder Pfeffer bestreut — verspeist.

Rotweinsoße

1 Tasse Fleischbrühe, 3 Eßlöffel Rotwein, 1 Eßlöffel Weinessig, 1 Eßlöffel gehackter Estragon, 1 Eßlöffel Rosinen, Chilipfeffer.

Erhitzen Sie die Fleischbrühe mit dem Rotwein und dem Weinessig, und lassen Sie darin die gehackten Estragonblätter und die Rosinen fünf Minuten lang ziehen. Gießen Sie die Soße durch ein Sieb in einen kleinen Topf. Estragonblätter und Rosinen werden nicht weiter verwendet. Runden Sie den Geschmack der Rot-

Foto: Fondue „Fiesta"   Rezept Seite 64   ▶

weinsoße mit einer Prise Chilipfeffer ab, und reichen Sie sie heiß zu Tisch.

Avocatocreme

2 Avocatos, 1 Tasse Mayonnaise, Saft einer halben Zitrone, 2 Eßlöffel Weißwein, 1 Messerspitze Zwiebelpulver, 1 Prise Knoblauchpulver, Salz, Pfeffer.

Schaben Sie mit einem Kaffeelöffel das Fruchtfleisch aus den halbierten Avocatos, und zerdrücken Sie es mit einer Gabel ganz fein. Geben Sie die Mayonnaise, Zitronensaft und Weißwein zu, und vermischen Sie alles gründlich miteinander. Zuletzt schmecken Sie die Avocatocreme mild mit Salz und Pfeffer ab und stellen sie kühl, bis sie verbraucht wird.

Krabbensalat

250 g Krabben aus der Dose oder Tiefkühltruhe, je 1 Handvoll blaue und weiße Weintrauben, 2 schnittfeste Tomaten, 1 Scheibe Ananas aus der Dose, 2 Eßlöffel Mayonnaise, 2 Eßlöffel Sauerrahm oder Joghurt, 1 Teelöffel Zitronensaft, Salz, Pfeffer, Zucker.

Verrühren Sie Mayonnaise, Sauerrahm oder Joghurt und Zitronensaft gut miteinander. Schmecken Sie die Creme mit Salz, Pfeffer und Zucker pikant ab.
Spülen Sie die Krabben unter fließendem Wasser ab — tiefgekühlte Krabben müssen vorher natürlich erst auftauen —, und lassen Sie sie auf einem Sieb abtropfen.
Zupfen Sie die Weintrauben von den Stielen ab, waschen Sie sie, und lassen Sie sie ebenfalls abtropfen.

Schneiden Sie die Tomaten und die Scheibe Ananas in kleine Würfel. Geben Sie Krabben, Weintrauben, Tomaten- und Ananaswürfel in die Salatsoße und vermischen alles vorsichtig.
Legen Sie Portionsschälchen mit Salatblättern aus, und richten Sie den fertigen Krabbensalat darauf an.

Als Abschluß des Mahls ist bestimmt eine erfrischende Köstlichkeit willkommen. Überraschen Sie Ihre Gäste also mit einer Gefüllten Melone.

Gefüllte Melone

1 mittelgroße Wassermelone, 2 Orangen, je 1 Handvoll blaue und weiße Weintrauben, 1 große Birne, 2 Eßlöffel Zitronensaft, 3 Eßlöffel guten Weinbrand.

Schneiden Sie der Melone das obere Viertel wie einen Deckel ab. Mit einem Teelöffel nehmen Sie das gesamte Fruchtfleisch heraus und füllen es in eine Schüssel. Schälen Sie sehr sorgfältig die Orangen, so daß auch die bittere weiße Haut entfernt ist. Teilen Sie die Früchte in Spalten, die Sie wiederum einmal quer durchschneiden und so zu den Melonenstücken geben. Die Weintraubenbeeren, die Sie zuvor von den Stielen gepflückt haben, kommen auch dazu. Schälen Sie die Birne und entfernen ihr Kernhaus. Schneiden Sie das Fruchtfleisch in kleine Würfel, die Sie ebenfalls in die Schüssel geben. Vermischen Sie all die Fruchtstückchen miteinander, und träufeln Sie sodann Zitronensaft und Weinbrand darüber. Nochmals gut durchgehoben, füllen Sie alles in die ausgehöhlte Melone.

Die Gefüllte Melone muß mindestens eine Stunde im Kühlschrank stehen. Bereiten Sie sie kurz vor Ankunft Ihrer Gäste zu. Denn Sie wollen sie ja nach beendeter Mahlzeit als Dessert reichen. Und bis dahin ist sie gerade richtig durchgekühlt.

Thunfisch-Fondue

750 g frisches Thunfischfilet, Saft einer halben Zitrone, 1 l Öl oder 1 kg Kokosfett.

Schneiden Sie das Thunfischfilet in schmale Streifen, die Sie mit Zitronensaft beträufeln. Anschließend müssen sie eine halbe Stunde lang kühl stehen, damit der Zitronensaft einziehen kann.

Während Sie in Ihrem Fonduetopf das Öl oder Kokosfett auf dem Küchenherd erhitzen, tupfen Sie sorgfältig die Fischstreifen mit Küchenkrepp ab. Die Stücke müssen möglichst trocken sein. Nur so können Sie vermeiden, daß das Fett spritzt, wenn die Fischstücke darin gebacken werden. Schichten Sie die Thunfischstreifen in eine Schale, die Sie zuvor mit Salatblättern ausgelegt haben.

Stellen Sie den Fonduetopf mit dem siedenden Fett auf den Rechaud in der Tischmitte. Regulieren Sie die Flamme so, daß das Fett während der gesamten Mahlzeit weitersiedet.

Dazu trinken Sie Weißwein nach eigener Wahl. Auch ein Rosé paßt vorzüglich.

Stellen Sie zum Tauchen der Thunfischhäppchen folgende Soßen bereit:

Tatarensoße II

100 g Mayonnaise, 2 hartgekochte Eigelb, 1 Teelöffel Senf, 1 Eßlöffel Kapern, 1 kleine Gewürzgurke, 3 Oliven, 1 Eßlöffel Petersilie, 1 Teelöffel Schnittlauchröllchen, 1 Teelöffel Zitronensaft, Salz, 1 Prise Zucker, 1 Stäubchen weißer Pfeffer.

Zerdrücken Sie die hartgekochten Eigelb mit der Gabel, verrühren Sie sie mit dem Senf und geben beides unter die Mayonnaise. Hacken Sie Kapern, Gewürzgurken und Oliven recht klein, und rühren Sie sie zusammen mit der Petersilie und dem Schnittlauch unter die vorbereitete Mayonnaise.
Schmecken Sie mit Zitronensaft, einer Prise Zucker, Salz und weißem Pfeffer ab. Stellen Sie die fertige Soße bis zum Servieren in den Kühlschrank.

Schnittlauchsoße

4 hartgekochte Eier, 1 gestrichener Teelöffel Senf, 1 Teelöffel Zitronensaft, Salz, Pfeffer, Zucker, 1 Tasse Olivenöl, 1 großer Bund Schnittlauch.

Schälen Sie die Eier, und trennen Sie Eiweiß von den Dottern. Zerdrücken Sie die Dotter mit einer Gabel ganz fein, oder streichen Sie sie durch ein Sieb. Mischen Sie Senf und Zitronensaft unter, und würzen Sie mit Salz, Pfeffer und einer Prise Zucker. Rühren Sie tropfenweise das Olivenöl ein. Schneiden Sie den Schnittlauch in kleine Röllchen, und arbeiten Sie sie unter die Soße, die Sie anschließend sofort servieren können.

Zu einem Fondue gehören außer pikanten Soßen auch erfrischende Salate. Je abwechslungsreicher dabei die Auswahl ist, um so mehr Begeisterung ernten Sie bei Ihren Gästen. Hier eine kleine Rezeptfolge:

Chicorée-Apfel-Salat

3 Chicorée, 1 Apfel mittlerer Größe, 2 Eßlöffel Mandelstifte, 1 Eßlöffel Mayonnaise, 1 Eßlöffel Sauerrahm, Salz, 1 Prise Zucker, 1 Teelöffel Zitronensaft.

Putzen Sie die Chicorée-Stauden. Nachdem Sie den bitteren Kern entfernt haben, schneiden Sie die Blätter in kleine Stücke. Schälen Sie den Apfel, und raspeln Sie ihn auf Ihrer Rohkostreibe — natürlich ohne Kerngehäuse. Verrühren Sie die Mayonnaise mit dem Sauerrahm. Heben Sie den geschnittenen Chicorée, die Äpfel und die Mandelstifte unter. Schmecken Sie den Salat mit Salz, einer Prise Zucker und Zitronensaft ab, und stellen Sie ihn eine halbe Stunde kühl.

Salat du Chef

1 kleiner Kopf Salat, 4 Tomaten, 200 g magerer, gekochter Schinken am Stück, 1 Orange, 150 g Emmentaler Käse, 1 Zwiebel, 1 Flasche Catalina Salatsoße „French dressing".

Putzen und waschen Sie den Salat, und lassen Sie ihn abtropfen. Schneiden Sie die gewaschenen Tomaten in

Scheiben. Würfeln Sie den gekochten Schinken. Schälen Sie die Orange sehr sorgfältig, damit auch die bittere weiße Haut entfernt ist. Teilen Sie die Orange in Schnitze, und schneiden Sie diese wiederum quer durch. Schneiden Sie den Emmentaler Käse in schmale Stifte. Zuletzt schälen Sie die Zwiebel, und hacken Sie sie in ganz feine Würfel.

Schichten Sie die Zutaten der Reihe nach in eine Glasschale oder in kleinen Portionen in Salatgläser, und reichen Sie so den Salat du Chef zu Tisch. Stellen Sie die Flasche mit der Salatsoße dazu, so daß sich jeder soviel davon nehmen kann, wie es seinem Geschmack entspricht. Wenn Sie den Salat schon vorher mit der Soße vermischen, fällt er zusammen.

Fondue „Dover"

375 g Seezunge, 375 g Kabeljaufilet, 200 g Krabben, 1 Eßlöffel Zitronensaft, 1 l Öl oder 1 kg Kokosfett.

Während Sie in Ihrem Fonduetopf das Öl oder Kokosfett auf dem Küchenherd erhitzen, schneiden Sie Seezunge und Kabeljaufilet in schmale Streifen. Richten Sie beides getrennt auf Salatblättern an. Spülen Sie die Krabben mit kaltem Wasser ab, beträufeln Sie sie mit Zitronensaft, und legen Sie sie zum Trocknen auf Küchenkrepp. Die abgetrockneten Krabben richten Sie anschließend ebenfalls auf Salatblättern an.
Inzwischen siedet das Fett, und Sie stellen den Fonduetopf auf den Rechaud in die Tischmitte. Regulieren Sie

die Spiritusflamme so, daß das Fett während des Mahls weitersieden kann.

Stellen Sie Salzstreuer und Pfeffermühle bereit. Auch ein Körbchen mit frischen Weißbrotscheiben sollte nicht fehlen.

Als Getränk servieren Sie Weißwein, z. B. Nahewein oder Sauternes.

Die folgenden Soßen und der Salat runden den Geschmack des Fondue „Dover" auf angenehmste Weise ab und tragen dazu bei, daß Ihr Fondue-Mahl ein voller Erfolg wird:

Tomatensoße

4 Tomaten, 1 kleine Zwiebel, 1 Eßlöffel Zitronensaft, 1 Eßlöffel Öl, Salz, Pfeffer, Zucker.

Überbrühen Sie die Tomaten, ziehen Sie ihnen die Haut ab, und vierteln Sie sie. Hacken Sie die Zwiebel in grobe Stücke, nachdem Sie sie geschält haben.

Tomatenviertel und Zwiebelstücke geben Sie in Ihren Mixer und lassen sie darin sehr fein pürieren. Gießen Sie die Masse in eine Schüssel, und rühren Sie Zitronensaft und Öl ein. Schmecken Sie die Tomatensoße mit Salz, frischgemahlenem Pfeffer und einer Prise Zucker ab. Stellen Sie sie kühl, bis Sie sie zu Tisch reichen.

Zwiebelsoße

¹/₂ Tasse Mayonnaise, ¹/₂ Tasse Joghurt, 1 kleine Zwiebel, 1 Prise Knoblauchpulver, Salz, weißer Pfeffer, 1 Bund Schnittlauch.

Schlagen Sie Mayonnaise und Joghurt cremig. Hacken Sie die Zwiebel in ganz feine Würfel oder — noch besser — Sie reiben sie und rühren sie unter die Masse. Schmecken Sie die Soße mit Knoblauchpulver, Salz und weißem Pfeffer ab. Schneiden Sie den Schnittlauch in feine Röllchen. Die Hälfte davon rühren Sie in die Zwiebelsoße ein, den Rest streuen Sie darüber, bevor Sie sie zu Tisch reichen.

Old English Beef Salad

375 g mageres, gekochtes Rindfleisch, 1 Zwiebel, 1 kleine Dose Sellerie, 2 Tomaten, 4 Eßlöffel Öl, 1 Eßlöffel Estragon-Essig, Salz, Pfeffer, Zucker, 1/2 Bund Schnittlauch, 1/2 Bund Petersilie.

Schneiden Sie das gekochte und ausgekühlte Rindfleisch in kleine Würfel. Schälen Sie die Zwiebel, und hacken Sie sie in kleine Stückchen. Lassen Sie die Flüssigkeit von den Selleriestücken abtropfen und schneiden Sie sie anschließend in Stifte. Die Tomaten teilen Sie in grobe Würfel.

Verrühren Sie in einer Schüssel Öl, Estragon-Essig, Salz, Pfeffer und eine Prise Zucker zu einer pikanten Marinade. Schneiden Sie den Schnittlauch in dünne Röllchen, und wiegen Sie die Petersilie sehr fein.

Füllen Sie all die kleingeschnittenen Zutaten in die Schüssel, und heben Sie sie gut unter die Marinade.

Lassen Sie den fertigen Salat eine halbe Stunde durchziehen, bevor Sie ihn — auf Salatblättern angerichtet — servieren.

Sie können diesen Salat auch abwandeln und ihn mit Mayonnaise anmachen. Die übrige Zubereitung bleibt gleich. Sie tauschen nur zwei Eßlöffel Öl gegen zwei gehäufte Eßlöffel Mayonnaise aus.

Man ißt, auf die Fonduegabeln gespießt und in dem Fett goldbraun gebraten, Fisch und Krabben entweder abwechselnd oder bei entsprechend kleinen Stücken auch gemeinsam. Eine geschmacklich reizvolle Zugabe sind frisch geröstete Salzmandeln, die Sie folgendermaßen zubereiten:

Salzmandeln

125 g süße Mandeln, 1 eigroßes Stück Butter, 1 gestrichener Teelöffel Salz.

Überbrühen Sie die Mandeln mit kochendem Wasser, und ziehen Sie ihnen die braune Haut ab. Anschließend legen Sie die Mandeln locker auf einem Tuch zum Trocknen aus. Erhitzen Sie die Butter in einer Kasserolle. Sobald sie zu bräunen beginnt, geben Sie die Mandeln zu. Rösten Sie sie hell goldbraun. Rühren Sie dabei mit einem Kochlöffel in gleichmäßigen Bewegungen, damit die Mandeln nicht einseitig dunkeln. Sobald sie die richtige Farbe haben, nehmen Sie die Kasserolle vom Feuer. Streuen Sie das Salz über die Mandeln, und schütteln Sie den Topf kräftig hin und her, damit sich das Salz gleichmäßig um die Mandeln verteilt. Das muß schnell gehen, denn sie bräunen durch die verbliebene Hitze noch stark nach.

Anschließend legen Sie die Mandeln sofort auf Seidenpapier oder Küchenkrepp aus, damit sie soweit auskühlen, daß sie nicht mehr weiterbräunen und damit das überschüssige Fett aufgesogen wird.

Noch warm, kommen die Salzmandeln in kleine Schälchen, die Sie zu Tisch reichen.

In gleicher Weise können Sie natürlich auch Knabbermandeln anderer Geschmacksrichtung herstellen, z. B. Paprika-, Chili- oder Currymandeln: Nehmen Sie nur halb soviel Salz, und vermischen Sie es mit einem halben Teelöffel edelsüßem Paprikapulver oder zwei Messerspitzenvoll Chili- bzw. Currypulver.

Marseiller Fondue

Sie brauchen pro Person ungefähr 150 g Gesamtmenge der Zutaten: Krabben, Garnelen, Tintenfisch und Rotbarschfilet. Genaue Angaben allerdings lassen sich aus praktischen Gründen nur sehr schwer machen: Die oben genannten Meeresfrüchte werden in sehr unterschiedlich großen Verpackungen gehandelt. Sie können, wenn Sie nichts oder nur einen Teil davon frisch bekommen, auch tiefgekühlte Ware kaufen. Dann müssen Sie jedoch die auf den jeweiligen Verpackungen aufgedruckten Anweisungen beachten.

Außerdem brauchen Sie zum Ausbacken 1 l Öl oder 1 kg Kokosfett.

Schneiden Sie den Fisch in mundgerechte Streifen. Richten Sie die Zutaten entweder alle nach Art getrennt auf Schalen an, oder bereiten Sie für jeden Tischgast auf einem Teller eine gemischte Portion vor.

Erhitzen Sie das Öl oder Kokosfett in Ihrem metallenen Fonduetopf auf Ihrem Küchenherd. Anschließend kommt der Topf auf den Rechaud, den Sie bereits in der Mitte Ihres Tisches stehen haben. Regulieren Sie die Spiritusflamme so, daß das Fett während der gesamten Mahlzeit weitersiedet.

Jeder Teilnehmer spießt sich nun einen Happen auf seine Fonduegabel, taucht ihn daran in das siedende Öl und nimmt ihn erst wieder heraus, wenn er goldgelb gebacken ist. Danach wird der Bissen mit Salz und Pfeffer bestreut oder in eine der Soßen gestippt, die Sie vorbereitet haben.

Auch ein Körbchen mit Weißbrotscheiben oder Stücken von Meterbrot sollte nicht fehlen.

Wichtige Ergänzung ist eine Auswahl an Salaten.
Als Getränk reichen Sie Rhôneweine oder Burgunder.

Auberginensoße

1 große Aubergine, 2 Tomaten, 100 g grüne Bohnen, 2 Möhren, 100 g grüne junge Erbsen, Salz, Pfeffer, 1/2 Tasse Sonnenblumenöl, 1 Teelöffel Oregano, 1 gestrichener Teelöffel Knoblauchpulver, Chilipfeffer nach Geschmack.

Überbrühen Sie die Aubergine und die Tomaten, um besser die Haut abziehen zu können. In Würfel geschnitten, füllen Sie beides in einen Topf. Er muß groß genug sein, daß Sie alle oben genannten Gemüse drin schmoren können. Waschen Sie die grünen Bohnen, und entfernen Sie — falls nötig — die Fäden. Dann brechen Sie sie in Stücke, die Sie auch in den Topf geben. Nun putzen Sie die Möhren, schneiden sie in Scheibchen und hülsen zuletzt die Erbsen aus. Möhrenscheibchen und Erbsen kommen zu den anderen Zutaten in den Topf. Gießen Sie noch so viel Wasser an, daß ein Anbrennen verhindert wird. Würzen Sie mit Salz und Pfeffer und lassen alles zugedeckt schmoren, bis das Gemüse weich ist.

Ausgekühlt füllen Sie das Gemüse in Ihren Mixer und pürieren es. Anschließend geben Sie die Masse in eine Schüssel und rühren langsam eine halbe Tasse Sonnenblumenöl unter. Zum Schluß schmecken Sie die Soße mit Salz, Oregano, Knoblauchpulver und Chilipfeffer ab.

Diese Soße können Sie sowohl kalt als auch heiß reichen.

Knoblauchsoße

2 Knoblauchzehen, 1 Becher Joghurt, Salz, 1/2 Bund Schnittlauch.

Drücken Sie die Knoblauchzehen durch die Knoblauchpresse. Verrühren Sie den Saft mit dem Joghurt, den Sie zuvor mit dem Schneebesen schaumig geschlagen haben. Würzen Sie die Masse mit wenig Salz. Schneiden Sie den Schnittlauch in feine Röllchen, die Sie ebenfalls unterrühren.

Stellen Sie die fertige Knoblauchsoße bis zum Servieren kühl.

Senfbuttersoße

*1 eigroßes Stück Butter, 1 Eßlöffel Mehl, $^3/_8$ l Wasser,
1 Eßlöffel Senf, Salz, weißer Pfeffer, $^1/_2$ Tasse Sahne,
2 Eigelb, 75 g Butter, 1 Teelöffel Zitronensaft.*

Zerlassen Sie das eigroße Stück Butter in einer
Kasserolle, und rösten Sie das Mehl darin hellgelb an.
Löschen Sie mit Wasser ab, und rühren Sie den Senf
unter. Anschließend würzen Sie mit wenig Salz und
weißem Pfeffer. Die Masse muß unter Rühren 5 Minuten
kochen. Verquirlen Sie die Eigelb in der Sahne, und
rühren Sie die Mischung unter die Soße, nachdem Sie
den Topf vom Feuer genommen haben. Jetzt geben Sie
das zweite Stück Butter zu und schlagen es, während
es schmilzt, kräftig unter. Runden Sie den Geschmack
mit ein paar Tropfen Zitronensaft ab, und Ihre Senf-
buttersoße ist servierbereit.

Stellen Sie sie bei Tisch warm, aber bitte so, daß sie
auf keinen Fall mehr zum Kochen kommen kann, sie
würde sonst gerinnen.

Tomaten-Paprika-Salat

*4 Tomaten, 2 grüne Paprikaschoten, 1 Zwiebel, 3 Eß-
löffel Öl, 1–2 Eßlöffel Essig, Salz, Pfeffer.*

Sie übergießen die Tomaten mit heißem Wasser, enthäuten sie und schneiden sie anschließend in Würfel.
Sie entfernen die Kerne aus den Paprikaschoten und

schneiden diese in dünne Streifen. Schälen Sie die Zwiebel, und hacken Sie sie ganz fein.

Nun verrühren Sie Öl, Essig, Salz und frisch gemahlenen Pfeffer zu einer Marinade. Geben Sie Tomatenwürfel, Paprikastreifen und Zwiebelstückchen dazu. Vermischen Sie alles gut, und lassen Sie den fertigen Salat nicht mehr lange stehen, bevor Sie ihn zu Tisch bringen.

Reis-Eier-Salat

3 Tassen gekochter Reis, 2 Eier, 8 grüne mit Paprika gefüllte Oliven, 3 Eßlöffel Öl, 1 Eßlöffel Weinessig, Salz, Pfeffer, 1/2 Bund Schnittlauch.

Zunächst kochen Sie die Eier ganz hart, schrecken sie mit kaltem Wasser ab und lassen sie anschließend auskühlen.

Inzwischen rühren Sie in einer Schüssel aus Öl, Weinessig, Salz und frisch gemahlenem Pfeffer eine Marinade. Schneiden Sie den Schnittlauch in Röllchen, die Sie in die Salatsoße geben.

Pellen Sie die Eier, und hacken Sie sie in kleine Würfel. Schneiden Sie die Oliven in Scheibchen. Geben Sie den körnig gekochten Reis, die gehackten Eier und die Olivenscheibchen in die Schüssel, und vermischen Sie alles gut mit der Marinade.

Lassen Sie den Reis-Eier-Salat eine halbe Stunde durchziehen, bevor Sie ihn zu Tisch reichen.

Fondue „Fisch und Fleisch"

Ungefähr ³/₄ l Öl, je 1 Packung Tiefkühl-Fleischsteaks und -Fischstäbchen.

Die genaue Ölmenge hängt von der Größe Ihres Fonduetopfes ab. Er soll halb voll Öl sein. Füllen Sie mehr ein, schäumt es leicht über. Ist zuwenig Öl im Topf, kann Ihr Fleisch oder Fisch darin nicht richtig zum Brutzeln kommen.
Erhitzen Sie das Öl, das Sie bereits in Ihren Fonduetopf gegossen haben, auf der Herdplatte in Ihrer Küche. Dann erst stellen Sie den Kupfernen auf den Rechaud, der in der Mitte des fertig gedeckten Tisches steht.
Schneiden Sie die gefrorenen Fleischsteaks und Fisch-stäbchen in mundgerechte Happen. Servieren Sie sie — selbstverständlich getrennt — in Schalen, die Sie mit Salatblättern ausgelegt haben. Die gefrorenen Fleisch-stücke und Fischwürfel spießt nun jeder auf seine Gabel und taucht sie in das siedende Öl. Wenige Augenblicke später sind sie bereits goldbraun gebrutzelt. Man nimmt sie heraus und taucht die Bissen in die jeweils bevorzugte Soße, um sie anschließend zu verzehren.
Die Mischung „Fisch und Fleisch" hat ihren Über-raschungsreiz. Der Vorteil für Sie als Hausfrau liegt darin, daß Sie nur wenige Vorbereitungen zu treffen haben — Sie reißen die Packung auf, schneiden die Bissen zurecht, und fertig. Natürlich brauchen Sie nicht zu mischen. Sie können auch nur Fleischsteaks oder nur Fischstäbchen nehmen. Das bleibt ganz Ihrer Wahl überlassen.
Zu diesem Fondue eignen sich besonders die folgenden Soßen:

Indische Currysoße

3 Eßlöffel Kokosraspeln, ¹/₄ l Milch; 1 Eßlöffel Butter, 1 Eßlöffel Mehl, 1 feingeschnittene Schalotte, 1 Zweiglein Thymian, 1 Messerspitze Ingwer, 1 Messerspitze Zimt, 1 Prise Muskatnuß, 1 gestrichener Eßlöffel Currypulver, 3 Eßlöffel Sahne, einige Tropfen Zitronensaft.

Füllen Sie am Vorabend vor dem Mahl die Kokosraspeln in eine kleine Schüssel und gießen die Milch, die Sie zuvor zum Kochen gebracht haben, darüber. Lassen Sie die Raspeln zugedeckt über Nacht stehen.
Kurz bevor Ihr Fondue-Essen beginnt, bereiten Sie die echt indische Currysoße folgendermaßen zu:
Lassen Sie die Butter in einer Kasserolle zergehen und rösten Sie darin das Mehl hellgelb. Löschen Sie mit der Milch, die Sie von den Kokosraspeln durch ein Sieb gegossen haben. Die Raspeln werden nicht weiter verwendet. Geben Sie die feingewiegte Schalotte und das Thymianzweiglein zu, und lassen Sie alles 8—10 Minuten bei geringer Hitze kochen. Sollte die Masse zu dick werden, so geben Sie noch etwas frische Milch zu. Anschließend gießen Sie die Soße durch ein Sieb in einen kleinen Topf, den Sie bei Tisch warm stellen. Würzen Sie die Soße mit Ingwerpulver, Zimt, Muskatnuß und Currypulver, und verfeinern Sie sie mit Sahne und ein paar Tropfen Zitronensaft.

Tomatensoße — heiß serviert

1 Eßlöffel Öl, ¹/₂ Zwiebel, 1 Knoblauchzehe, 1 kleine Möhre, 3 Tomaten, Salz, Pfeffer, Thymian.

Foto: Chinesischer Feuertopf   Rezept Seite 99   ▶

Erhitzen Sie das Öl in einer Kasserolle und dünsten darin die Zwiebel und die Knoblauchzehe, die Sie zuvor in sehr kleine Würfel gehackt haben. Putzen Sie die Möhre, und geben Sie sie – fein geraspelt – in den Topf. Übergießen Sie die Tomaten mit kochendem Wasser, ziehen Sie ihnen die Haut ab, und schneiden Sie sie in kleine Stückchen, die Sie ebenfalls in den Topf füllen. Lassen Sie alles zusammen dünsten, bis es weich ist. Das dauert ungefähr 8–10 Minuten. Würzen Sie die Tomatensoße mit Salz, Pfeffer und Thymian, und bringen Sie sie heiß zu Tisch.

Frankfurter Grüne Soße

1 kleines Glas oder 1 Beutel Mayonnaise, 5 Eßlöffel gewiegte frische Kräuter, z. B. Petersilie, Salbei, Schnittlauch, Kresse, Estragon, Borretsch, Sauerampfer; 1 hartgekochtes Ei, 1 kleine Zwiebel, 1 Gewürzgurke.

Hacken Sie das hartgekochte Ei, die Zwiebel und die Gurke in kleine Stückchen, die Sie zusammen mit den gewiegten Kräutern unter die Mayonnaise rühren. Die Soße ist sofort servierfertig.

Bunter Eisalat

4 hartgekochte Eier, 2 kleine Tomaten, 1 grüne Paprikaschote, 1 kleine Zwiebel, 1 Stück (ca. 5 cm) Salatgurke, 2 Eßlöffel Sauerrahm, 1 Eßlöffel Öl, 1 Eßlöffel Estragon-Essig, Salz, Pfeffer, 1 Prise Zucker.

Zunächst verrühren Sie Öl, Sauerrahm und Estragon-Essig miteinander und schmecken die Marinade mit Salz, Pfeffer und einer Spur Zucker ab.

Nun hacken Sie die gepellten Eier in grobe Würfel. Sie überbrühen die Tomaten, ziehen ihnen die Haut ab und achteln sie anschließend. Sie entfernen die Kerne aus der Paprikaschote und schneiden sie in schmale Streifen. Die Zwiebel und das Stück Salatgurke zerteilen Sie in kleine Würfel. All diese Zutaten geben Sie zusammen in die Marinade und heben alles vorsichtig unter. Lassen Sie den bunten Eisalat eine halbe Stunde an kühler Stelle ziehen, bevor Sie ihn servieren.

Kohlrabisalat

4 Kohlrabi, 3 Eßlöffel Sahne oder Dosenmilch, 1 Eßlöffel Öl, 1 Teelöffel Estragon-Essig, 1 Prise Muskatnuß, Salz.

Schälen Sie die Kohlrabi, und raspeln Sie sie anschließend auf Ihrer Rohkostreibe. Verrühren Sie Sahne oder Dosenmilch mit Öl und Estragon-Essig, und schmecken Sie mit geriebener Muskatnuß und Salz ab. Gießen Sie die Soße über die geraspelten Kohlrabi. Anschließend stellen Sie den fertigen Salat bis zum Servieren kühl.

Fisch-Fondue Chinoise

500 g Suppenfleisch, 2 l Wasser, 1 Bund Suppengrün, Salz, Pfeffer, 1 Eßlöffel Butter oder Margarine, 2 Schalotten, 1 Knoblauchzehe, 1 kleine Möhre, 1 Tomate, 1/4 l Weißwein, 1 kg Seezunge.
Dieses Rezept ist für 6 Personen berechnet.

Kochen Sie am Vortag eine Bouillon. Dafür setzen Sie das Suppenfleisch mit 2 l kaltem Wasser, dem geputzten Suppengrün, Salz und Pfeffer aufs Feuer und lassen es $1^{1}/_{2}$ Stunden kochen. Anschließend gießen Sie die Brühe durch ein Sieb und stellen sie kalt. Das Suppenfleisch können Sie anderweitig verwenden (z. B. mit Rührei und grünem Salat als Abendessen), für das Fondue wird es nicht gebraucht.

Eine halbe bis dreiviertel Stunde bevor Ihre Gäste kommen, machen Sie die Brühe fonduegerecht fertig: Zerlassen Sie die Butter oder Margarine in Ihrem Fonduetopf, schälen Sie die Schalotten und die Knoblauchzehe. Schneiden Sie beides in feine Würfel, die Sie in der Butter glasig dünsten. Putzen Sie die Möhre, schneiden Sie sie in dünne Scheiben und geben sie ebenfalls zu. Überbrühen Sie die Tomate, ziehen Sie ihr die Haut ab und geben sie — kleingeschnitten — zu den anderen Zutaten in den Topf. Lassen Sie alles noch 5 Minuten zusammen schmoren, bevor Sie mit Weißwein ablöschen. Füllen Sie so viel Brühe auf, daß Ihr Fonduetopf zu drei Vierteln gefüllt ist. Während Sie die Suppe zum Kochen kommen lassen, richten Sie den Fisch zu:

Schneiden Sie die Seezunge in schmale Streifen, dabei entfernen Sie alle Gräten und Hautteile. Schichten Sie die Fischstreifen auf eine mit Salatblättern ausgelegte Platte, und dekorieren Sie sie mit Zitronenschnitzen.

Reichen Sie als Getränk leichten Weißwein Ihrer Wahl oder kühles, helles Bier.

Die Seezungenstreifen werden einzeln auf die Fonduegabel gespießt und in der kochenden Brühe gegart. Je nach Geschmack werden sie mit Salz und Pfeffer bestreut verspeist oder zuvor noch in eine der Soßen gestippt, die Sie bereitet haben:

Tomatenketchupsoße

*4 Eßlöffel Tomatenketchup, 2 Eßlöffel Chilisoße, 2 Eß-
löffel Sauerrahm, 1 gestrichener Eßlöffel Paprikapulver,
edelsüß, 1 Messerspitze Knoblauchsalz, Pfeffer.*

Rühren Sie Tomatenketchup und Chilisoße mit Sauerrahm zu einer glatten Masse, die Sie mit edelsüßem
Paprikapulver und einer Messerspitze — nach Geschmack auch weniger — Knoblauchsalz würzen. Runden Sie den Geschmack der Tomatensoße mit frisch
gemahlenem Pfeffer ab. Anschließend stellen Sie die
fertige Soße bis zum Servieren kühl.

Ingwercreme

*100 g Quark, 2 Eßlöffel Sahne oder Dosenmilch, 1 ge-
strichener Teelöffel Ingwerpulver.*

Streichen Sie — falls überhaupt nötig — den Quark
durch ein Sieb. Anschließend rühren Sie ihn mit Sahne
oder Dosenmilch zu einer glatten Creme. Arbeiten Sie
das Ingwerpulver unter, und stellen Sie die fertige
Creme bis zum Servieren in den Kühlschrank.

Hühnersalat

*1 mittelschweres Suppenhuhn, 1 Bund Suppengrün,
1 Orange, 2 reife Bananen, 2 Eßlöffel Öl, 2 Eßlöffel
Sahne, Saft einer halben Zitrone oder 3 Eßlöffel Estragon-Essig, 1 Teelöffel Currypulver, Salz, Zucker.*

Kochen Sie das Huhn mit Suppengrün und etwas Salz ungefähr eine Stunde. Bevor es anschließend ganz ausgekühlt ist, ziehen Sie die Haut ab und lösen das Fleisch von den Knochen. Das Fleisch schneiden Sie in ungefähr gleich große, mundgerechte Stücke. Schälen Sie die Orange, und entfernen Sie die weiße Haut sorgfältig. Schneiden Sie die Frucht in Würfel und mischen sie unter das Hühnerfleisch.

Zerdrücken Sie die — natürlich zuvor geschälten — Bananen mit der Gabel und verrühren den Brei mit Öl, Sahne, Zitronensaft oder Estragon-Essig und Currypulver. Schmecken Sie mit Salz und einer Prise Zucker ab. Gießen Sie die Soße über das Huhn-Orangen-Gemisch. Gut untergehoben, stellen Sie den pikanten Hühnersalat bis zum Servieren in den Kühlschrank.

Die Hühnerbrühe bleibt Ihnen hierbei natürlich übrig. Und Sie haben die Wahl, sie entweder anderntags als Suppe oder zum Fondue als Trinkbrühe zu reichen. Letzteres empfiehlt sich besonders, wenn Sie Gäste haben, die kalte Getränke zum Fondue nicht so sehr schätzen. Reichen Sie die entfettete Brühe also kochendheiß und pikant gewürzt. Dazu verwenden Sie nach Geschmack Soja- und Worcestersauce und ein paar Tropfen Tabasco. Salzstreuer und Pfeffermühle stehen ja ohnehin auf dem Tisch.

Wollen Sie die Brühe nicht zum Fondue reichen, machen Sie am anderen Tag vielleicht eine malaiische Tafelsuppe daraus. Dabei können Sie gleich die etwas unansehnlichen Fleischreste verwerten, die beim Auslösen eines Huhnes immer anfallen und die Sie für den Salat natürlich nicht verwendet haben.

Kaufen Sie ein kleines Paket Salatgemüse aus der Tiefkühltruhe — es ist wesentlich zarter als Suppengemüse

– und geben es in die kochende Brühe. Weichen Sie 125 g Glasnudeln in lauwarmem Wasser ein. Nach einer halben Stunde lassen Sie sie gut abtropfen, schneiden sie mit der Küchenschere in 7–10 cm lange Stücke und geben sie ebenfalls in den Topf. Waschen Sie 100 g Sojabohnenkeimlinge und geben sie – ebenfalls gut abgetropft – dazu. Würzen Sie die Suppe mit Salz, Sojasoße, ein paar Spritzern Tabasco oder Hot-Pepper-Sauce und etwas Sambal Goreng.

Die malaiische Tafelsuppe soll zwar scharf sein, die Würzung darf jedoch nicht den Eigengeschmack überdecken.

Gemüse-Fondues

Eine sehr wohlschmeckende Variante ist das Gemüse-Fondue. Entsprechend abgewandelt, werden Sie damit auch Vegetarier begeistern.

Gemüse-Fondue

375 g mageres Rindfleisch, 1 kleine Zwiebel, gespickt mit ¹/₂ Lorbeerblatt und 3 Gewürznelken, 3 Pfefferkörner, Salz, 2 l kaltes Wasser; pro Person 250 g Gemüse.

Kochen Sie aus den Zutaten – ohne Gemüse – eine milde Fleischbrühe, die Sie anschließend durch ein Sieb in Ihren Fonduetopf gießen. Die Brühe muß während des Essens weiterbrodeln, stellen Sie sie darum sofort auf Ihren Rechaud.

Verwenden Sie zum Tauchen blanchierten Rosenkohl und Blumenkohlröschen, kleine bis mittelgroße Champignons, Artischockenherzen und (oder) Palmenherzen. Zuletzt reichen Sie die sehr gehaltvolle Brühe in Suppentassen und dazu dunkles Bauernbrot.

Als Getränk servieren Sie helles Bier und zwischendurch einen Klaren.

Dillsoße

1 Tasse Mayonnaise, ¹/₂ Tasse Joghurt, 1 Teelöffel Zitronensaft oder Estragon-Essig, 1 Messerspitze Zucker, 1 gehäufter Eßlöffel feingewiegter Dill.

Verrühren Sie die Mayonnaise mit dem Joghurt und Zitronensaft oder Estragon-Essig. Runden Sie die Mayonnaise mit Zucker ab. Rühren Sie den frischen, feingewiegten Dill unter, und stellen Sie die fertige Dillsoße bis zum Servieren kühl.

Schinkensoße

¼ l Sahne, 100 g gekochter Schinken am Stück, 1 hartgekochtes Ei, Salz, Pfeffer, 1 Teelöffel feingewiegte Petersilie.

Schlagen Sie die Sahne halb steif. Schneiden Sie den gekochten Schinken in ganz kleine Würfelchen, ebenso das hartgekochte Ei. Heben Sie beides locker, aber gründlich unter die Sahne, die Sie mit Salz und Pfeffer abschmecken. Zuletzt streuen Sie die feingewiegte Petersilie darüber. Diese Soße darf auf keinen Fall lange stehen. Bereiten Sie sie also erst unmittelbar vor Gebrauch zu.

Käsesoße

1 Eßlöffel Butter oder Margarine, 1 gestrichener Eßlöffel Mehl, ¼ l Milch, ½ Tasse geriebener Emmentaler Käse, Muskatnuß, Pfeffer.

Lassen Sie die Butter oder Margarine in einer Kasserolle schmelzen, und rösten Sie darin das Mehl goldgelb an. Löschen Sie mit Milch ab und nehmen nach kurzem

Aufkochen der Masse den Topf vom Feuer. Rühren Sie den geriebenen Emmentaler sorgfältig unter, so daß keine Klumpen entstehen können. Anschließend schmecken Sie die Soße mit geriebener Muskatnuß und wenig Pfeffer ab.

Die Soße soll während der Mahlzeit heiß bleiben, darf jedoch nicht zum Kochen kommen. Stellen Sie den Topf deshalb auf ein mit einem Teelicht erwärmtes Stövchen.

Thunfischsalat „Südsee"

1 Dose Thunfisch, 2 Scheiben Dosenananas, 10—12 Sauerkirschen, 1 großer Apfel, 3 Eßlöffel Mayonnaise, 1 Teelöffel Zitronensaft, Salz.

Lassen Sie das Öl vom Thunfisch abtropfen, und schneiden Sie ihn anschließend in kleine Stückchen, ebenso die Ananasscheiben. Entsteinen und halbieren Sie die Sauerkirschen. Schälen Sie den Apfel, und entfernen Sie daraus das Kernhaus. Dann schneiden Sie das Fruchtfleisch in kleine Würfel oder Scheibchen, die Sie mit Zitronensaft beträufeln.

Füllen Sie alles zusammen in eine Schüssel, geben die Mayonnaise zu und vermischen alles gut miteinander. Schmecken Sie eventuell mit etwas Salz ab.

Der Thunfischsalat „Südsee" soll nach Möglichkeit nicht lange stehen. Das Obst zieht Saft — vor allem die Sauerkirschen. Das ändert zwar nichts am Wohlgeschmack, aber das Aussehen leidet.

Stellen Sie den fertigen Salat auf jeden Fall in den Kühlschrank, bis Ihr Fondue-Essen beginnt.

Wiener-Würstchen-Salat

6 Wiener-Würstchen, 200 g Emmentaler am Stück, 1 große Gewürzgurke, $1/2$ kleines Glas eingelegte Tomatenpaprika, 1 kleines Glas eingelegte Maiskölbchen, 1 Bund Schnittlauch, 2 Stengel Petersilie, $1/2$ Tasse „French Dressing" (von Kraft fertig zu kaufen).

Schneiden Sie die Würstchen, die ruhig auch aus der Dose sein können, in Räder von ungefähr 3 mm Breite, den Emmentaler Käse in Stifte. Würfeln Sie die Gewürzgurke und den Tomatenpaprika. Schneiden Sie die Maiskölbchen in grobe Stücke, und füllen Sie alles miteinander in eine Schüssel. Den Schnittlauch zerteilen Sie in Röllchen, die Sie zusammen mit der feingewiegten Petersilie überstreuen. Nun gießen Sie noch die Salatsoße darüber, vermischen alles gut miteinander, und Ihr Wiener-Würstchen-Salat ist servierbereit.

Möhren-Apfel-Salat

250 g Möhren (gelbe Rüben), 2 mittelgroße Äpfel, 1—2 Eßlöffel Zitronensaft, $1/2$ Becher Joghurt, Salz, Zucker.

Putzen Sie die Möhren, und raspeln Sie sie anschließend auf Ihrer Rohkostreibe. Die Äpfel reiben Sie mitsamt der Schale, entfernen jedoch das Kerngehäuse. Danach vermengen Sie beides sofort mit Zitronensaft, so daß sich weder Möhren noch Äpfel verfärben können. Ziehen Sie den Joghurt unter und schmecken den Möhren-Apfel-Salat mit Salz und Zucker pikant ab.

Milaneser Fondue

1 kleiner Kopf Blumenkohl, 250 g Möhren, 1 kleine Knolle Sellerie, 2 Zwiebeln, 2 Paprikaschoten, 250 g Rosenkohl, 1 große Birne, 2 Äpfel, 100 g frische oder eine kleine Packung Krabben aus der Tiefkühltruhe; 200 g Mehl, 3 Eier, 3 Eßlöffel Milch, 1 Prise Salz, 1 Tasse Semmelbrösel; 1 l Öl oder 1 kg Kokosfett.

Zunächst zerteilen Sie das Gemüse seiner Art entsprechend: den Blumenkohl in Röschen, die geputzten Möhren in Scheiben, die geschälte Sellerieknolle in Streifen, die ebenfalls geschälten Zwiebeln in Ringe und die Paprikaschoten in Würfel, nachdem Sie die scharfen Kerne entfernt haben. Vom Rosenkohl trennen Sie die gelben Blättchen ab. Bringen Sie leicht gesalzenes Wasser zum Kochen, und blanchieren Sie darin Blumenkohl, Rosenkohl, Möhren und Sellerie nach Sorten getrennt. Anschließend lassen Sie alles gut abtropfen. Richten Sie die einzelnen Gemüsesorten in Schalen an. Schälen Sie die Birne und die Äpfel, entfernen Sie jeweils das Kerngehäuse, und schneiden Sie das Fruchtfleisch in Scheiben oder grobe Würfel. Legen Sie Birne und Äpfel – ebenfalls getrennt – auf Schälchen. Haben Sie Krabben aus der Tiefkühltruhe, so lassen Sie sie erst völlig auftauen, bevor Sie sie – auf Salatblättern – in einem Schüsselchen zu Tisch reichen.

Rühren Sie aus Mehl, Eiern, Milch und einer Prise Salz einen cremigen Teig, den Sie in einer Schüssel auf den Tisch stellen.

Die Semmelbrösel, in ein Schälchen gefüllt, stellen Sie daneben.

Inzwischen erhitzen Sie das Öl oder Kokosfett in Ihrem Fonduetopf. Anschließend stellen Sie ihn auf Ihren Rechaud in die Mitte des Tisches. Während der Mahlzeit muß das Fett sieden, stellen Sie bitte Ihre Spiritusflamme entsprechend ein.

Jeder Gast spießt sich nun ein Stückchen Gemüse seiner Wahl auf seine Fonduegabel, taucht es in den Teig, wälzt es anschließend in Semmelbröseln und läßt es so im siedenden Fett goldgelb brutzeln.

Dazu reichen Sie Weiß- oder Bauernbrot und Knoblauchbutter, die Sie folgendermaßen zubereiten:

125 g Butter, 1 Knoblauchzehe, 1 Messerspitze Kräuterbuttergewürz, Salz nach Geschmack.

Lassen Sie die Butter etwas weich werden, und arbeiten Sie alle Zutaten gut ein — die Knoblauchzehe haben Sie zuvor durch eine entsprechende Presse gedrückt. Anschließend formen Sie auf einem Teller einen Laib aus der Masse und stellen die fertige Knoblauchbutter in den Kühlschrank.

An Getränken reichen Sie wahlweise leichten roten oder weißen Landwein.

Die folgenden Soßen und Salate passen ganz besonders gut:

Käse-Rahm-Soße

1 Eßlöffel Butter, 1 Eßlöffel Mehl, 3/8 l Milch, 1/2 Tasse geriebener Emmentaler Käse, Salz, Pfeffer, 1/2 Tasse Sahne, 100 g Butter.

Lassen Sie die Butter in einer Kasserolle zergehen, und rösten Sie darin das Mehl hellgelb. Löschen Sie mit Milch ab, und lassen Sie die Masse aufkochen. Nehmen Sie die Kasserolle vom Feuer, rühren Sie den geriebenen Käse und langsam die Sahne ein, dann würzen Sie mit Salz und Pfeffer. Schneiden Sie die Butter in kleine Stückchen, die Sie in langsamer Folge mit einem Schneebesen unter die Masse schlagen.

Die fertige Käse-Rahm-Soße wird sofort zu Tisch gereicht und warm gestellt. Sie darf jedoch nicht mehr zum Kochen kommen, sie würde sonst gerinnen.

Bunter Kopfsalat

1 Kopf Salat, 1 kleine Schlangengurke, 1 Bund Radieschen, 2 Eßlöffel Öl, 1 Eßlöffel Zitronensaft, Salz, Pfeffer.

Waschen Sie den Salat, und zerteilen Sie die großen Blätter. Hobeln Sie die Gurke mit der Schale, und schneiden Sie die Radieschen in dünne Scheibchen.

Alles kommt nun zusammen in eine Schüssel. Geben Sie das Öl und den Zitronensaft darüber, und schmecken Sie den Salat mit Salz und frisch gemahlenem Pfeffer ab.

Avocatosalat

2 reife Avocatos, 2 Eßlöffel Zitronensaft, 1 Eßlöffel Öl, 2 Eßlöffel Mandelstifte.

Ziehen Sie den Avocatos vorsichtig die dicke Haut ab. Das geht leichter, wenn Sie die Frucht erst anschließend teilen, um den Kern zu entfernen. Schneiden Sie die Avocatos in Würfel, die Sie sofort mit Zitronensaft beträufeln, um ein Verfärben des Fruchtfleisches zu verhindern. Geben Sie das Öl und die Mandelstifte zu und heben alles vorsichtig untereinander.

Der kleinste Druck kann den Geschmack der Avocatos verändern. Seien Sie also vorsichtig, und bereiten Sie diesen Salat erst kurz vor der Mahlzeit zu.

Bunter Käsesalat

250 g Emmentaler am Stück, 200 g magere Fleischwurst am Stück, 1 Scheibe Ananas, 1 kleine Paprikaschote, 2 Tomaten, $1/8$ l Sauerrahm oder Joghurt, 1 Teelöffel Senf, Salz, Pfeffer.

Schneiden Sie den Emmentaler Käse in schmale Streifen und die Fleischwurst in kleine Würfel, ebenso die Scheibe Ananas. Entfernen Sie aus der Paprikaschote die Kerne, und schneiden Sie sie ebenfalls in dünne Streifen. Überbrühen Sie die Tomaten mit kochendem Wasser, damit Sie ihnen die Haut abziehen können. Dann werden auch sie kleinwürfelig geschnitten. All diese Zutaten vermischen Sie in einer Schüssel miteinander und übergießen sie mit einer Soße, die Sie aus Sauerrahm oder Joghurt und Senf gerührt und mit Salz und frisch gemahlenem Pfeffer abgeschmeckt haben. Noch einmal untergehoben, stellen Sie den bunten Käsesalat bis zum Servieren in den Kühlschrank.

Schokoladen-Fondues

Die Schokoladen-Fondues gehören, wenigstens dem Wortsinn nach, zu den „echten": Hier wird wieder etwas geschmolzen.
Aus Schokolade wird eine duftende Köstlichkeit, die sich bei groß und klein ungeteilter Beliebtheit erfreut.

Schokoladen-Fondue

200 g halbbittere Kuvertüre, 1/8 l Sahne.

Füllen Sie die Sahne in Ihren Caquelon. Hacken Sie die Schokolade in kleine Stücke — ich verwende dazu mein Wiegemesser. Geben Sie sie ebenfalls in den Fonduetopf, den Sie auf die ganz kleine Flamme Ihres Rechauds stellen.
Erhitzen Sie die Mischung unter ständigem Rühren, so daß sich eine cremige Masse bildet.
Reichen Sie zum Tauchen frisches Obst, z. B. blaue und weiße Weintrauben, Kirschen, Erdbeeren, in Würfel geschnittene Birnen, Äpfel, Pfirsiche oder Aprikosen.
Sie können auch gut abgetropfte Kompottfrüchte verwenden. Meiden Sie jedoch weiche Sorten, sie würden Ihnen beim Stippen von der Gabel rutschen.
Feste Bisquitstückchen eignen sich ebenfalls sehr gut.
Dieses Schokoladen-Fondue ist ein wunderbarer Nachtisch — und schnell vorbereitet.
Wenn Sie für Ihre Kinder zum Geburtstag eine Schokoladenfondue-Party veranstalten, wird dieses Fest ein

Erlebnis werden. Lassen Sie die Kinder dabei jedoch auf keinen Fall allein. Eine Ungeschicklichkeit — und die heiße Schokoladenmasse führt zu bösen Verbrennungen, oder das Feuer des Rechauds greift auf Tischdecken, Teppich oder Möbel über. Kinder erkennen die Gefahr meist erst zu spät, und bei einer Geburtstags-Party sind sie ohnehin lebhafter als sonst.

Schoko-Nuß-Fondue

200 g halbbittere Kuvertüre, 50 g geriebene Haselnüsse, 1 Tasse Sahne, 3 Eßlöffel Nußlikör.

Gießen Sie die Sahne in einen kleinen Caquelon, und bröckeln Sie die Schokolade hinein. Stellen Sie den Topf auf die kleine Flamme eines Kaffeewärmers, und lassen Sie die Schokolade schmelzen. Rühren Sie die Masse langsam durch. So verbindet sich die Sahne mit der Schokolade zu einer einheitlichen Creme — und auf dem Topfboden kann sich keine Kruste ansetzen. In die Schokoladencreme rühren Sie die geriebenen Haselnüsse und den Nußlikör ein.
Zum Tauchen können Sie Obst verschiedenster Art verwenden: weiße und blaue Trauben, Bananen, festfleischige Pfirsiche oder Aprikosen.
Waschen Sie die Weintrauben, und zupfen Sie die Beeren von den Stielen. Schälen Sie die Bananen, und schneiden Sie sie in dicke Scheiben. Übergießen Sie die Pfirsiche und Aprikosen mit kochendem Wasser, ziehen Sie ihnen die Haut ab, und entfernen Sie daraus die Steine. Die Pfirsiche teilen Sie in grobe Würfel, die

Aprikosen in Hälften. Richten Sie die Früchte entweder nach Arten getrennt in Schalen an, oder bereiten Sie Portionsschalen vor, auf die Sie die verschiedenen Sorten redlich verteilen.

Schoko-Nuß-Fondue ist ein sehr sättigender Nachtisch. Wie man ihn ißt, ist ausführlich im Rezept für das Schoko-Ingwer-Fondue beschrieben.

Fondue „Hawaii"

1 Ananas, 250 g Weintrauben, weiß und blau, 2 Birnen, 2 Äpfel, 3 Bananen, 3 Eßlöffel Zitronensaft; 1 l Öl oder 1 kg Kokosfett; 200 g Mehl, 3 Eier, 3 Eßlöffel Milch, 1 Prise Salz, 1½ Tassen Semmelbrösel, ¾ Tasse Zukker, 2 Päckchen Vanille-Zucker.

Schälen Sie die Ananas, schneiden Sie sie in Scheiben und diese anschließend in Würfel. Waschen Sie die Trauben, und zupfen Sie die Beeren von den Stielen ab. Schälen Sie Birnen und Äpfel, entfernen Sie die Kerngehäuse, und schneiden Sie das Fruchtfleisch in grobe Würfel. Schälen Sie die Bananen, und schneiden Sie sie in dicke Scheiben. Beträufeln Sie sofort nach dem Schneiden Birnen, Äpfel und Bananen mit Zitronensaft, damit sich das Fruchtfleisch nicht verfärben kann.

Erhitzen Sie das Öl oder Kokosfett in Ihrem metallenen Fonduetopf. Inzwischen rühren Sie aus Mehl, Eiern, Milch und einer Prise Salz einen cremigen Teig, den Sie auf vier Schüsselchen verteilen. Die Semmelbrösel füllen Sie ebenfalls in vier Schälchen. Jeweils ein Teig- und ein Bröselschüsselchen richten Sie in unmittelbarer Nähe der Gedecke an. Das Obst geben Sie nach

Arten getrennt in Schalen. Sie können auch alles redlich geteilt in vier Schalen anrichten — beim Fondue dürfen Sie vorbereitete Portionen reichen !

Vermischen Sie Zucker mit Vanille-Zucker, und servieren Sie die Mischung, ebenfalls auf vier kleine Schälchen verteilt. Vergessen Sie nicht, jeweils einen kleinen Löffel danebenzulegen.

Inzwischen ist das Öl oder Kokosfett heiß. Stellen Sie also den Fonduetopf auf den Rechaud, dessen Flamme Sie so einstellen, daß das Fett während der ganzen Mahlzeit weitersieden kann.

Nun geben Sie Ihren Gästen unauffällig Anschauungsunterricht: Tauchen Sie ein Stückchen Obst an Ihrer Fonduegabel in die Teigcreme, wenden Sie es in den Semmelbröseln, und backen Sie es im siedenden Fett goldbraun aus. Bestreuen Sie den Happen mit dem Zuckergemisch, bevor Sie ihn verspeisen.

Dazu reichen Sie frisch zubereitete Zitronenlimonade, Orangensaft mit einem Schuß Gin oder Sekt.

Fondue „Hawaii" ist wunderbar geeignet, einem kleinen, leichten Essen Höhepunkt und Abschluß zu sein. Aber auch an Stelle des obligaten Sonntagnachmittag-Kaffees serviert, wird es sehr schnell zu einem echten Hit.

Schoko-Ingwer-Fondue

200 g halbbittere Kuvertüre, 1 Tasse Sahne, 1 gestrichener Teelöffel Ingwerpulver, 1/2 Tasse gehackte Pistazien.

Schütten Sie die Sahne in einen kleinen Caquelon, und bröckeln Sie die Kuvertüre hinein. Lassen Sie die Schokolade auf kleiner Flamme schmelzen, und rühren Sie sie mit der Sahne zu einer glatten Masse. Arbeiten Sie das Ingwerpulver und zuletzt die feingehackten Pistazien unter.

Reichen Sie, auf verschiedene Schälchen verteilt, Ananaswürfel, Sauerkirschen, Birnen- oder Apfelwürfel. Diese Früchte werden — auf die Fonduegabel gespießt — in die flüssige Schokoladenmasse getaucht und unter ständigem Drehen zurückgezogen. Man taucht nur kurz, läßt also das Obststück nicht warm werden. So kühlt anschließend der Schokoladenüberzug relativ schnell aus, wird zähflüssig und tropft nicht mehr so leicht ab.

Hier noch ein kleiner Tip zur Vorbereitung: Legen Sie Birnen- und Apfelwürfel für fünf Minuten in wenig Wasser, dem Sie 2 Eßlöffel Zitronensaft zugegeben haben. So bleiben die Schnittstellen hell. Anschließend tupfen Sie die Obststücke gut mit Küchenkrepp ab. Sie würden sonst durch die Flüssigkeit, die dem Obst noch anhaftet, das Fondue buchstäblich verwässern. Und wenn die Masse zu dünn wird, bleibt an den getauchten Stückchen kaum noch etwas hängen, fast alles tropft davon wieder ab, bevor Sie es verspeisen können. Und gerade das widerspricht der Idee eines Fonduegerichtes.

Das Schoko-Ingwer-Fondue eignet sich vorzüglich als Nachtisch zu einem normalen Essen, als reizvoller Ersatz für den Kuchen beim nachmittäglichen Kaffee oder auch als köstliche Leckerei während eines gemeinsamen Abends mit Freunden.

Getrunken wird Kaffee und ein klarer Obstbrand wie Williamsbirne, Kirsch, Himbeergeist oder ähnliches.

Käse und Weine fürs Fondue

Alle Küchen dieser Welt stehen uns heute offen. Wir genießen exotische Gerichte mit der gleichen Selbstverständlichkeit wie unsere gute, alte Hausmannskost. Denn ein rühriger Handel hat dafür gesorgt, daß fast überall die Zutaten und Gewürze ferner Küchen zu haben sind. Und wo diese Zutaten wirklich nicht zu beschaffen waren, hat er Ersatz zu finden gewußt. So sind heute bei uns Speisen eingebürgert, die noch vor wenigen Jahren nicht über die Grenzen ihrer Ursprungsländer hinaus bekannt waren. Und darüber vergessen wir nur allzu leicht etwas sehr Wichtiges: Die Entwicklung bestimmter Speisen ist dem Ursprung nach an das Vorhandensein ihrer Zutaten gebunden. Ohne diese Zutaten und ihre ganz besondere Beschaffenheit wären die betreffenden Speisen überhaupt nicht entstanden.

So war es bestimmt auch kein Zufall, daß gerade die Schweiz zum Ursprungsland des Fondues wurde. Das Fondue in seiner ältesten, heute noch immer bevorzugten Form ist ein Käse-Schmelz-Gericht, und die Voraussetzung für seine Entwicklung bildeten schmelzbare Käse von vollwürzigem Geschmack. Dieser Geschmack wiederum hängt von der Qualität der Milch ab, aus der Käse bereitet wird. Die hochgelegenen Almen der Schweiz mit ihren Kräutern und ihrem kraftvollen Gras lassen die Kühe eine Milch geben, deren Qualität nicht nach dem Fettgehalt allein zu beurteilen ist. Ihr verdanken alle Käsesorten der Schweiz das berühmt würzige Aroma. Und wie sehr man dieses Aroma in aller Welt schätzt, das beweisen die ständig steigenden Exportziffern der Schweiz.

Wird von schweizer Käse gesprochen, so denkt man unwillkürlich an den Schweizer Käse mit dem großen „S" — den Emmentaler. Von allen schweizer Käsesorten ist er der bekannteste — oft kopiert und nie erreicht. Denn viele Länder versuchen, ihren eigenen „Emmentaler" herzustellen. Aber das gelingt in Vollkommenheit genau so wenig, wie es Münchner Bierbrauern gelingen konnte, in den Vereinigten Staaten echt Münchner Bier zu brauen. War es in dem einen Fall die mangelnde Qualität des Wassers, so war es im anderen die fehlende Würze der Milch. Den vollwürzigen und trotzdem milden Geschmack des echten Emmentalers hat keine der Imitationen je erreicht. Er ist von goldgelber Farbe und mit seinen charakteristischen Löchern eigentlich unverkennbar. Er wird in großen Rädern von 80—100 kg Gewicht ausgeformt und muß ungefähr sechs Monate reifen, bevor er in den Handel kommt. Wenn Sie beim Kauf Ihrer Sache nicht sicher sind: Der echte Schweizer trägt über die gesamte, flache Laibfläche den Stempelaufdruck „Switzerland".

Können Sie den echten Emmentaler fürs Fondue auch durch einheimische Produkte ersetzen — der Allgäuer „Emmentaler" eignet sich nicht einmal schlecht —, so gibt es doch für die übrigen schweizer Käsesorten insbesondere wegen ihrer Würzkraft keinen Ersatz.

An erster Stelle steht der Greyerzer oder Gruyêre. Er hat wesentlich kleinere Löcher als der Emmentaler, sie sind höchstens erbsengroß. Und auch seine Färbung ist dunkler, was sich mit zunehmender Alterung — die keine Qualitätsminderung mit sich bringt — noch verstärkt. Greyerzer kommt aus dem Süden des Kantons Freiburg, von den französisch sprechenden Schweizern Gruyère genannt. Er ist von würzigem Aroma, das an Nußkerne erinnert. und von zarterem Schmelz als der Emmentaler.

in Laiben von 20—45 kg Gewicht ausgeformt, braucht er mindestens fünf Monate zum Reifen, kommt jedoch meistens erst mit einem höheren Alter in den Handel. Auch er trägt als Qualitätsgarantie den Stempelaufdruck „Switzerland" auf der Rinde, die von rötlich-brauner Färbung ist.

Greyerzer und Emmentaler ergänzen sich — miteinander verarbeitet — vorzüglich: Der sahnige Geschmack des Emmentaler und die volle, nußartige Würze des Greyerzer verbinden sich zu der charakteristischen Geschmacksnote, auf der die meisten schweizer Käse-Fondues aufbauen. Daneben aber gibt es einen dritten Käse aus der Schweiz, der für Fondues wichtig ist — der Appenzeller.

Dieser Käse kommt ebenfalls in Laiben in den Handel. Sie sind jedoch wesentlich kleiner als die Emmentaler oder Greyerzer Käseräder und wiegen gewöhnlich nur 10—15 kg. Der Appenzeller weist nur kleine, vereinzelt auftretende Löcher auf und ist von bräunlich-gelber Färbung, die sich mit zunehmender Alterung nach Braun hin verstärkt. Sein Geschmack ist noch etwas herzhafter und nussiger als der des Greyerzers. Und entsprechend ist natürlich sein Würzwert.

Der Vacherin dagegen, ein geradezu berühmter Fondue-Käse, wird in Frankreich hergestellt, in Savoyen. Er ist ein Weichkäse von unvergleichlichem Geschmack, der in seiner Beschaffenheit eine gewisse Ähnlichkeit mit Camembert aufweist. Leider ist er bei uns nur in den führenden Delikateßgeschäften großer Städte zu haben — und das nicht einmal regelmäßig. Es ist also durchaus möglich, daß Sie diesen Käse — der gegebenenfalls durch Camembert der höchsten Fettgehaltsstufe zu ersetzen ist — trotz größter Mühe nicht bekommen können. Aber sollten Sie einmal nach Savoyen kommen,

so probieren Sie diesen köstlichen Käse auf jeden Fall —
vielleicht entschließen Sie sich dann zu einem kleinen,
regelmäßigen „Privat-Import", der sich an Ort und Stelle
arrangieren läßt.

Auf ihrer Wanderschaft durch Europa haben die Fondues
manchen Wandel durchgemacht. So werden zu ihrer Zubereitung Käse herangezogen, an die eine schweizer
Hausfrau natürlich nie gedacht hätte. Dabei erwiesen
sich diese Käse als sehr geeignet und geschmacklich
interessant. An erster Stelle stehen natürlich die Holländer:

Der Edamer ist allgemein bekannt. Er kommt in Kugel-
form in den Handel und zeigt weißlich-gelbe Färbung.
Die Käsekugeln werden von einer leuchtend roten Paraffinschicht vor dem Austrocknen geschützt. Ihr sahniger,
milder Geschmack wird besonders von Kindern ge-
schätzt — und von Leuten, die noch keine rechte Käse-
zunge entwickelt haben.

Ebenfalls ein Holländer und bei uns sehr beliebt ist der
Gouda, den gewöhnlich eine gelbliche Paraffinschicht
vor dem Austrocknen schützt. Sein Geschmack ist voller
als der des Edamers. Er wird in drei Altersstufen gehandelt und sein Geschmack ist dementsprechend unterschiedlich: Jung schmeckt er sahnig und ist von
zartem Schmelz; mittelalter Gouda ist von herzhaft wür-
ziger Art; gealterter Gouda entwickelt dagegen bereits
eine deutlich kräftige Würze und ist darum nicht mehr
jedermanns Geschmack.

Deutschland hat für die Fondue-Zubereitung vor allem
den Tilsiter beigesteuert. Er stammt aus dem norddeut-
schen Raum, weist eine Vielzahl kleiner Löcher auf und
ist von hellgelber Färbung. Sein Geschmack ist Variatio-
nen unterworfen, die mit der Herstellung zusammen-
hängen. Gewöhnlich ist er leicht säuerlich-herb, was

damit zubereiteten Fondues eine pikante Note verleiht. Er wird in recht unterschiedlich großen Laiben hergestellt, die zwischen 1,5 und 20 kg wiegen können.

Zuletzt sei noch der Havarti aus Dänemark erwähnt — ein Käse, der in Aussehen und Färbung dem Tilsiter ähnelt, ihn in seinem feinsäuerlichen Geschmack, den man nur als elegant bezeichnen kann, jedoch gewöhnlich übertrifft. Der Havarti kommt in rechteckigen Blöcken von 1,5—5 kg Gewicht auf den Markt.

Doch kehren wir noch einmal in die Schweiz zurück, beschäftigen wir uns kurz mit einem Käse, der bei uns praktisch unbekannt ist, und einem Gericht, von dem Sie wahrscheinlich noch nie gehört haben. Der Käse ist der Gomser aus dem Val de Bagne und das Gericht ein deftig bäuerliches Essen, die Raclette.

Die Raclette wurde ursprünglich über offenem Feuer unter freiem Himmel zubereitet, doch gibt es in der Schweiz schon seit alters Öfen, die eigens für die Zubereitung dieser Speise erfunden und benützt wurden. Sie ist gewissermaßen eine Abart, vielleicht sogar eine Urform des Fondues:

Ein sehr fetthaltiger und leicht schmelzbarer Käse, eben der in kleinen Laiben hergestellte Gomser, wird halbiert und mit den Schnittflächen solange über die Glut des Feuers gehalten, bis er schmilzt. Inzwischen werden feuerfeste Teller vorgewärmt und sodann mit je einer heißen Pellkartoffel, kleinen Gürkchen — den sogenannten Cornichons — und ein paar eingemachten Zwiebelchen belegt. Sobald genügend Käse geschmolzen ist, wird er mit einem breiten Messer abgeschabt und auf den heißen Teller neben Kartoffel, Gurken und Zwiebeln gegeben. Wer seine Portion bekommen hat, fängt sofort an zu essen, denn dieses Gericht schmeckt am besten, solange es dampfend heiß ist.

Bei uns gibt es die geeigneten Schmelzöfen nicht. Auch Gomserkäse ist kaum zu beschaffen. Trotzdem können Sie zu einem Essen laden, das der Raclette sehr ähnlich ist: Verwenden Sie statt des Ofens Ihren Gartengrill. Läßt sich seine Kohlenwanne senkrecht stellen, um so besser. Und statt des Gomers nehmen Sie vollfetten Tilsiter oder Havarti in entsprechend großen Stücken. Achten Sie aber bitte darauf, daß der Käse auch wirklich vollfett ist, denn sonst schmilzt er nicht schnell genug und stellt damit das Gelingen Ihres Mahles in Frage.

Und selbst wenn sie keinen Grill zur Verfügung haben oder aufstellen können, gibt es noch einen Ausweg: Sie stellen Ihre Raclette im Backrohr her. Heizen Sie das Rohr eine Viertelstunde auf 250° C vor. Dann stellen Sie vier feuerfeste Teller ungefähr fünf Minuten lang in den Ofen, damit sie richtig heiß werden. Inzwischen schneiden Sie den Käse in ungefähr drei Millimeter dicke Scheiben. Nun ziehen Sie den Grillhandschuh über, nehmen die Teller — einzeln, damit sie nicht auskühlen können! — aus dem Rohr, beschichten sie mit zwei oder drei Scheiben Käse und stellen sie sofort wieder ins Rohr zurück. Der Käse muß leise zischend zu schmelzen beginnen, sobald er den Teller berührt, dann ist alles richtig.

Haben Sie einen Elektroherd, so stellen Sie die Teller auf den Boden des Backrohrs und lassen den Käse fünf Minuten lang schmelzen. Arbeiten Sie mit einem Gasherd, so stellen Sie die Teller auf den Rost, den Sie in die unterste Leiste einschieben. In diesem Fall dauert es nur ungefähr drei Minuten, bis der Käse zu einer cremigen, brodelnden Masse geschmolzen ist. Natürlich sind die Zeitangaben nur Richtwerte, die von der Heizkraft Ihres Herdes abhängen. Der Käse soll schmelzen, jedoch nicht braun werden. Denn wird er braun, so wird seine Oberfläche hart oder zäh — Ihre Raclette ist verdorben. Das passiert übrigens auch, wenn Sie das Rohr nicht genügend vorheizen, die zu kalten Teller zu lange mit dem Käse im Rohr lassen müssen. Oder wenn der Käse nicht fett genug ist und dadurch nicht schnell genug schmilzt.

Doch nehmen wir an, die Käsemasse schmilzt und brodelt nach Wunsch. Jetzt ist die Raclette in Sekunden vollkommen zubereitet: Nehmen Sie die Teller aus dem Rohr, legen Sie Pellkartoffel, Cornichons und Silberzwiebelchen darauf und reichen Sie sie Ihren hungrig wartenden Gästen.

Was hinsichtlich der Getränke für alle Fondues gilt, gilt natürlich auch für die Raclette: Servieren Sie zu der Mahlzeit heißen schwarzen Tee oder Kaffee, zwischendurch ein Gläschen Kirsch oder Zwetschgenwasser, den Wein jedoch erst am Schluß: Heißer Käse und kalter Wein sind — zusammen gereicht — schwer verdaulich.

Grundsätzlich trinkt man zu einem mit Wein zubereiteten Fondue den Wein, der auch bei der Zubereitung verwendet wurde. Bei allen anderen Fondues und auch bei der Raclette steht die Wahl des Weines frei. Sie können Weißen wie auch Roten reichen. Er muß nur mit dem Gericht harmonieren und darf weder zu süß noch zu schwer sein.

Die Schweizer bevorzugen ihren Fendant. Er wird aus Chasselas-Trauben gekeltert, die in den Sion-Weinbergen des Kantons Wallis wachsen. Der Fendant de Sion, wie sein voller Name lautet, ist einer der besten schweizer Weißweine, wird aber kaum exportiert. Puristen, die gerne nur Originalzutaten verwenden, mögen das bedauern. Doch bei der reichen Auswahl, die uns an anderen Weinen zur Verfügung steht, gibt es eigentlich keinen Grund dazu: Verwenden Sie für Käse-Fondues ruhig den weißen Wein, der Ihnen der liebste ist — solange er nur weder zu schwer noch zu süß ist. Und für alle anderen Fondues wählen Sie — ebenfalls frei nach Ihrem persönlichen Geschmack — denjenigen weißen oder roten Wein, der zu dem jeweiligen Gericht paßt. Die Auswahl ist riesengroß:

Der Mittellauf der Mosel zwischen Trier und Cochem mit seinen sonnigen Weinbergen und seinem milden Klima schenkt uns eine Vielzahl vorzüglicher Weine. Namen wie Piesport, Bernkastel, Graach, Zeltingen, Ürzig, Kröv, Enkirch, Zell oder Beilstein sind nicht nur für den Weinkenner feste Begriffe. Die verschiedenen Lagen bieten für jeden Geschmack Vorzügliches. Die weiter flußaufwärts auf französischem Boden wachsenden Sorten können da überhaupt nicht mithalten.

Aber vielleicht sind Sie kein Freund der Moselweine? Dann versuchen Sie es mit einem Wein von der Nahe! Sie ist, gleich der Mosel, ein Nebenfluß des Rheins und durchfließt Deutschlands ältestes Weinbaugebiet. Es umfaßt die Weinberge zwischen Waldböckelheim und Bingerbrück, auf denen — durch die unterschiedliche Bodenbeschaffenheit begünstigt — mehr verschiedene Trauben wachsen als irgendwo sonst. Riesling und Silvaner werden ebenso angebaut wie Gewürztraminer, Müller-Thurgau und Muskateller. Sie alle ergeben vorzügliche Weine — ebenso die Burgundertrauben der Nahe, aus denen ein sehr guter Roter gekeltert wird. Die Naheweine sind je nach Gebiet lieblich, elegant oder auch vollmundig. Als beste Lagen gelten Rüdesheim, Bad Kreuznach, Langenlonsheim und Schloß Bockelheim.

Das größte Weinbaugebiet Deutschlands ist die Pfalz. Sie umfaßt das gesamte Gebiet zwischen Haardtgebirge und Rhein. Wie der rote Faden der Weinkunde zieht sich

die Weinstraße durch die Pfalz. Ungefähr fünfzig Wein-
dörfer und Weinstädtchen mit weithin bekannten Namen
liegen an dieser Straße. Ihren Anfang nimmt sie am
Weintor in Schweigen und führt sodann über Neustadt,
Deidesheim und Bad Dürkheim bis Grünstadt. Die Qualität der Weine, die längs dieser Straße wachsen, ist recht
unterschiedlich. Aus der Oberhaardt von Schweigen nahe
der elsässischen Grenze bis Neustadt kommen herzhaft
kräftige Schoppenweine. Die Mittelhaardt, die sich bis
Bad Dürkheim erstreckt, liefert edle Weine von vornehm-
eleganter Art. Aus der Unterhaardt schließlich, die bis
Grünstadt reicht, kommen vornehmlich leichte, weiche
Konsumweine. Generell gesehen sind die Weine der
Pfalz von guter bis hoher Qualität. In der Hauptsache
wird Weißwein angebaut, doch auch sehr gute Rote sind
darunter.
Ebenfalls zu den alten deutschen Weinanbaugebieten
zählt das Maintal. Es nimmt bei Zeil am Obermain seinen
Anfang und erstreckt sich über Schweinfurt und Würz-
burg bis hin nach Aschaffenburg. Was dort wächst, das
ist der Frankenwein — leicht etwas säuerlich und darum
auch nicht jedermanns Geschmack. Doch auch hier werden einige gute Weine gekeltert, wobei die weißen allerdings den roten vorzuziehen sind. Charakteristisch für
den Frankenwein sind seine Flaschen — die Bocksbeutel.
Wer seine Fondue ein wenig herb liebt, sollte es ruhig
einmal mit einem dieser Weine versuchen.
Und jetzt wird's schwierig, denn was bleibt, das sind die
beiden Spitzengebiete deutschen Weinbaus — der
Rheingau und Rheinhessen. Hier gibt es eigentlich nur
noch Superlative zu verteilen. Rheinhessen am linken
Rheinufer von Worms bis Bingen liefert Trauben von
hoher Qualität. Die daraus gekelterten Weine zählen zu
den edelsten, die es gibt. Natürlich steht der Weißwein

an erster Stelle, doch auch die Rotweine sind von vorzüglicher, aromatisch-burgunderähnlicher Art. Die bekanntesten Lagen dieses Gebietes sind die Weinberge von Dienheim, Oppenheim, Nierstein, Ingelheim und Bingen. Gemeinsam mit den Weinen des Rheingaus haben sie den Ruf deutscher Weine weltweit gemacht.

Der Rheingau mit seinen zahlreichen Burgen säumt das rechte Rheinufer. Auf seinen Weinbergen wachsen die edelsten Trauben und von entsprechender Güte sind die Weine. Es werden weiße und rote Trauben gezogen, doch die weißen überwiegen. Sie haben Namen kleiner Städte wie Hochheim, Eltville, Erbach, Hattenheim, Hallgarten, Oestrich, Geisenheim, Rüdesheim, Aßmannshausen und manch andere weit über unsere Grenzen hinaus bekannt gemacht.

Doch vielleicht mögen Sie und einige Ihrer Gäste überhaupt keinen Wein? Vielleicht bevorzugen Sie Bier? Bitte, auch Bier paßt zu vielen Fondues, vor allem auch zu Käse-Fondues. Nur sollte es ein Bier herber Art sein. Das dunkle, stark malzhaltige und darum süßliche Bier ist nicht geeignet – es ruft in Verbindung mit Käse leicht einen unangenehmen Nachgeschmack hervor. Wählen Sie darum auch das Bier mit Bedacht und greifen Sie nicht einfach zur gewohnten Marke. Denn ein Fondue ist ein Mahl, das vollkommene Harmonie von Anfang bis Ende voraussetzt – genau wie jedes andere, wirklich gelungene Essen. Und die hohe Kunst der Hausfrau zeigt sich darin, daß sie jede Disharmonie zu meiden weiß – sogar in der Wahl des rechten Bieres.

Register